生活保護ケースワーカーのあなたへ

はじめに

本書は、生活保護行政の実践現場でケースワーカーが出合うさまざまな課題について、支援にあたり考えること、ふり返ることをケースワーカーの皆さまと一緒に考えていきたいとの思いから生まれました。

福祉事務所の実施体制の問題もあり、ケースワーカーが担う生活保護事務の負担は大きなものがあります。しかし、ケースワーカーの負担は事務量の問題だけではありません。扶助の決定に関わる判断や支援の実施にあたっての精神的負担も大きな部分を占めているのではないかと思います。

被保護者の中には生活保護を上手に利用して生活できる人がいる一方で、貧困に至る経過や生活課題があまりにも深刻なため、上手く生活保護を利用できず、本人もどうしてよいかわからないまま、生きづらさが重層化し、より困難な状況に陥る人もいます。

ケースワーカーはこのような人に支援を行いますが、支援は順調な場合だけではなく、なかなか進まない場合や支援自体を拒まれることも少なくありません。そのようなときに、ケースワーカー自身もつらい思いをすることがあるのではないでしょうか。

ケースワーカーによる被保護者への支援の困難性とは、被保護者自身の生活上の課題の大きさだけではなく、ケースワーカーが担当する世帯数の多さ、通知等の生活保護行政の理解の程度とともに、所長や査察指導員等によるケースワーカーに対する指示等の妥当性や職場の組織体制、さらには実施要領や通知等が被保護者の現状にマッチしているかなど、複合的な要素により生じるように思われます。

本書は全国社会福祉協議会発行の月刊誌『生活と福祉』に「生活保護ケースワーカーのあなたへ　～支援で考えること、ふり返ること～」というタイトルで二〇一七年六月から二〇一九年四月までの二十二回にわたり連載したものをまとめました。書籍化にあたり加筆修正を行い、座談会については連載時の順序、構成を入れ替えて新しく組み立てています。

毎月の連載ですので、掲載された季節にちなんだケースワーカーの活動なども描いています。課税調査や基準改定などのように、季節ごとにケースワーカーが行わなくてはならない業務をはじめ、公務員にとって避けることのできない人事異動に伴う事務処理や引継ぎの問題など、ケースワーカーの四季とでもいえるような話題を背景に織り交ぜながら支援のあり方を考察しています。

また、連載の一年めと二年めでは「支援で考えること、ふり返ること」の「舞台」が変わっています。一年め（その1～11）は「ケースワーカーのあなた」と要保護者との関係を中心にして生活保護の支援のあり方を考えていますが、二年め（その12～18）は「ケースワーカーのあなた」が、同期のケースワーカーや先輩ケースワーカー、査察指導員と、生活保護の支援について検討をしています。

したがって、前半はケースワーカーと要保護者との関係性に重点を置くことで、「ケースワーカーのあなた」の悩みやつらさについても考えています。また、筆者がケースワーカー、査察指導員のときに経験したこと、感じたことなども紹介しながら、支援をふり返りました。

執筆を通じて感じていたのは、「生活保護行政の実施にあたって生じる悩みやつらさとは『ケースワーカーのあなた』だけではなく、生活保護法ができた当初より生じており、これまでにも多くのケースワーカーが経験した悩みやつらさと、本質的には同じではないか」ということでした。制度創設時の厚生省（現厚生労働省）の担当者もこうしたことについては認識していたようで、さまざまな問題について当時から考えられていたことが文献などからわかります。

後半は、支援にあたって「ケースワーカーのあなた」や同僚ケースワーカーが生活保護行政を実施する中で日常的に生じることの多い問題をテーマに、「生活保護法を基礎として生活保護手帳や生活保護別冊問答集をはじめとした各種通知類をどのように考えていくか」に焦点を当てています。ここでは、生活保護手帳や生活保護手帳別冊問答集、各種通知類をどのように読みこなすかによって、支援の幅と奥ゆきに変化が生まれることを理解していただけるのではないでしょうか。

このように、本書に登場する同僚ケースワーカーは「あなたの職場」にいるケースワーカーであり、本書の「ケースワーカーのあなた」も全国のケースワーカーそのものなのです。

連載の途中で、現在福祉事務所で活躍されている経験を積んだケースワーカー、ケースワーカー歴のある査察指導員の皆さまとの座談会を設けました。異なる自治体の査察指導員三名、ケースワーカー三名に登場していただき、二つのグループにわかれてさまざまな課題について議論してもらっています。

この座談会を通して、経験のあるケースワーカーや査察指導員も「ケースワーカーのあなた」と同様の悩みをもっていることがわかっていただけるかと思います。また、生活保護行政では避けることのできない就労の問題や費用の返還などケースワーカーが直面する問題に対しては、どのような視点が必要なのかについて考える契機となるのではないでしょうか。

なお、各回に掲載されている事例には「結論」がありません。雑誌連載時より読者の方からは、「結論が知りたい」「筆者の考えはどうなのか」とのご意見をいただきましたが、あえて筆者の考える「結論」は記述しませんでした。どのように判断するのかは各地域で生活保護行政を担っている福祉事務所現場の皆さまに検討していただきたいと思ったからです。

しかし、本書刊行にあたり生活保護ケースワーカーの業務について筆者の考えの一端を述べさせていただく場として、最後に「生活保護ケースワーカーの仕事の意味とは」を書き下ろしました。筆者が雑誌連載時より「ケースワーカーのあなた」を対象として「支援で考えること、ふり返ること」をケースワーカーの視点で述べてきた理由や、筆者なりの事例の「着地点」を考えたものです。

ここでの筆者の考えについては、皆さまのご意見をいただければ幸いです。

事例の多くは日常的に福祉事務所で生じている問題を取り上げましたが、掲載にあたっての事例ならびに個人名等は実在のものではありません。

また、本書が生活保護行政での支援についてケースワーカーの皆さまと考えていくという趣旨から、引用・参考文献等にあたっては、通知等の生活保護行政文書や、厚生労働省（旧厚生省）などの行政内部の担当者による文献を使用しました。

連載ならびに本書刊行にあたり『生活と福祉』編集部、全国社会福祉協議会出版部の皆さまには大変お世話になりました。御礼申し上げます。

目次

※各種通知および扶助額等は連載時のものです。

生活保護ケースワーカーのあなたへ

summer
その１

生活保護ケースワーカーとしての被保護者への視点

生活保護行政の大変さ

生活保護ケースワーカー（以下「ＣＷ」）の皆さん、こんにちは。

日々の仕事にはどのように取り組んでいますか？　特に新規採用の方は仕事とともに、職場の人間関係についても気を遣うことが多いので大変だと思います。体調管理に留意してくださいね。

生活保護ＣＷの「仕事が大変！」という話はよく聞くかと思います。これは担当する世帯数や、事務処理の多さを数値で見るとわかります。例えば東京都内のＣＷ平均担当世帯をみると、一九九〇（平成二）年には六三・五世帯でしたが、二〇一五（平成二十七）年には一〇二・六世帯となり一・六二倍の増加です。※1

社会福祉法ではＣＷの標準数を市部八十世帯、郡部六十五世帯としていますから、ほとんどが市部で構成される東京都の数値はビックリです。全国的にみても二〇〇二（平成十四）年にＣＷの未充足福祉事務所が二一・〇％であったものが、二〇一〇（平成二十二）年には二九・五％となり、標準数を超えた担当世帯をもつＣＷは都市部を中心に増加しているようです。※2

また世帯数だけでなく、生活保護は補足性の原理により、他法他施策の新設、改正等によりその事務処理が増えることもあります。例えば、二〇〇〇年（平成十二）年より施行された介護保険により、生活保護法では介護扶助が新設されるとともに、実施にあたり加算や介護扶助運営要領が新設されました。このほかにもさまざまな事務処理が増えています。

このように業務量の増加による負担が大きくなる一方で、ＣＷの増員は十分とはいえません。公務員の定数削減の影響もあり、生活保護行政に限

らず役所全体の業務が大変になっているのではないかと思います。

また、生活保護ＣＷの大変さは業務量の問題だけでなく、被保護者との関係性もあるように思われます。この関係性は大変でもありますが、やりがいや、おもしろみを感じるのもこの部分なのです。そこでハマってしまうＣＷもいるのです（筆者もそうでした）。

むしろ被保護者との関係よりも、（ときどきですが）連携を拒み仕事をしようとしない関係機関や、（まれだとは思いますが）訳のわからないことを言いだす上司のほうにイラッとしたり、疲れがドッと出たりします（筆者だけの経験でしたら幸いです）。

あらためて、被保護者とＣＷの関係性は重要であり、どのように関係をつくっていくのか、留意するのかについては慎重に考える必要があります。

※1　『東京都における福祉事務所の現況平成二年度版』と平成二十七年度東京都「生活保護施行事務指導検査事前提出資料」を基に筆者算定

※2　総務省行政評価局『生活保護に関する実態調査結果報告書』二〇一四年八月

家庭訪問で留意すること

家庭訪問では、天気のよい日に自転車をこぎながらまち並みを眺めたり、空き地や公園を通るときに咲いている草花を見るのも気分転換になります。商店街で八百屋さんの野菜を見るのも季節を感じることができます。家庭訪問は福祉事務所と訪問先だけの往復だけではもったいないですよ。

家庭訪問にあたって留意することについて、一九七一（昭和四十六）年の当時の厚生省社会局庶務課監修『新福祉事務所運営指針』では、「**要保護者に肩身の狭い思いや屈辱感を与えることのないように配慮すること**」と明記されています。

また、現在の『生活保護別冊問答集』でも、「**生活保護は権利であるとはいえ、被保護者であるということを他人に知られたくないと考えることは社会常識に反するとはいえない**」と述べており、家庭訪問の際には近隣住民に訪問先が被保護者であることをわからないようにする配慮が必要となります。そこで自治体によっては、福祉事務所の名前の入った自転車、公用車を近くに駐輪車することを避けるように指示しているところもあります。

厚生労働省企画、東映制作の生活保護面接相談研修映像『心の扉をひらく』では、「家庭訪問時に『福祉事務所からきました』などと大声で言ってはいけない」と新人CWが先輩から注意されるシーンがあります。おもしろく参考になるDVDなのでお勧めします。

例えば次のような場合、あなたならどうしますか？

事例　高齢者の原田さん宅に家庭訪問したとき

CWのあなたが高齢者の原田さん宅を初めて訪問しました。前任者からの引き継ぎでは「原田さんは生活上の問題は特になく、何かあれば電話をしてくれるのでときどき様子を見に行けばよい」とのことでした。

原田さんのアパートはすぐに見つかり、チャイムを鳴らしたところ原田さんが出てきました。感じの良い方でホッとします。あなたは玄関口で担当CWの交代を知らせ挨拶、自己紹介をしたところ、原田さんから部屋にあがることを勧められたのであがりました。

室内の日当たりはよくなく、清掃はあまり行き届いていないようでしたが、特に乱雑なことや不衛生な感じはしませんでした。勧められるままにちゃぶ台の前に座ります。座布団のシミはちょっと気になります。

原田さんは台所でお茶を入れているようなので、気遣わないように声をかけましたが、せっかく来てくれたのだからとお茶と小皿に羊羹ひと切れをようじとともに出してくれました。この羊羹は原田さんの好物だそうで「おいしいからぜひ食べて」などと言われました。

あなたが羊羹を見ると、羊羹に白いものがついています。よく見るとカビが生えているようでした。

家庭訪問先で湯茶の接待は丁寧に断るべきだと思います。しかし、客がきたときに（CWは客ではないのですが）、湯茶を出すことは一般的なことであり、非難されるべきことでもありませんし、

そのような気遣いをする方はいます。

筆者の経験でも断ったときに「飲めないの？」と言われたこともあり、家庭訪問時にお茶を一杯いただいても公務員倫理に反することはないと思います。湯茶を拒むことでその場の雰囲気が悪くなるよりも、いただくことで話が弾み訪問目的を達成し、ある程度の関係をつくることができるかもしれません（夏の暑い日に家庭訪問をしたときに、冷えたビールを出されたことがありましたが、さすがにこれは固辞しました）。

清潔そうな茶碗やコップならば問題はありませんが、茶渋で真っ茶色な湯のみ茶碗や、きれいに洗えていない茶碗、得体の知れない自家製のお茶などが出ると困ってしまいますが……。

実はこういったことも、その人の生活状況や環境がわかる一助なのです。

あなたならば……

では、この原田さんの事例であなたならどうしますか？　おそらく原田さんに悪意はありません。まず「どうすればうまく断れるか」という自己防衛を考えると思います。とにかくカビの生えた羊羹を原田さんと揉めないで、できれば原田さんのプライドを傷つけないようにうまく食べないようにしたい、ということでしょうか。これ自体は誤りではありませんが、それだけではＣＷとしては不十分なのです。断り方については後述の対応*等があります。

ここでのポイントは、原田さんもカビの生えた羊羹を食べているのではないか、日常的にそのような食生活をしているのではないか、という点です。

その結果原田さんが体調を崩したり、食中毒などを起こすかもしれません。たまたま部屋が暗くて気がつかないだけなのか、原田さんの視力が落ちているのか、他に何か原因があるのかということなのです。

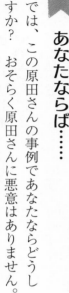

あなたの行動、そして原田さんは……

あなたは原田さんに「この羊羹、カビが生えていますよ」と言いますか？　しかしそれではあまりに直接的で原田さんに恥をかかせてしまいます。傷つけてしまいます。できれば原田さん自身に気がついてもらいたいのです。

もしかしたら、原田さんは部屋の暗さでたまたま気がつかなかったという可能性もあります。そこで、あなたはノートとペンを出して「ちょっとメモしたいので電気をつけてくれますか」と頼みます。部屋は少し明るくなりました。ノートをちゃぶ台に置くふりをして、羊羹のお皿を原田さんのほうに向けます。原田さんは羊羹をちらっと見ましたが気がつかないようです。

そこで次は、原田さんに何か字を書いてもらいます。例えば、収入申告書などがよいかもしれません。あなたは収入申告書をカバンから出して原田さんに「住所とお名前を書いてもらえますか」などと言います。

原田さんはペンを持ちますが、住所を書く位置がわからず、収入申告書をうまく書けないようです。原田さんは言います。「最近目が悪くなり、よく見えないことがあります。どこに書くのですか……」

CWは支援者であるという視点

CWがカビの生えた羊羹からどのように逃げるか、という考えは自然なことです（カビの生えた羊羹を食べるべきではありませんし、食べても信頼関係が築けるわけでもありません）が、CWは支援者であるという自覚は必要です。

自分のことと同時に、被保護者の状況についても考える必要があります。このことは、羊羹の事例だけではありません。

被保護者の言動が、CWの考えと合わない場合があります。被保護者にCWの話を理解してもらえていないのです。この場合は、そもそもCWの考えが妥当なのか、被保護者になぜ理解してもらえないのか、を考えたほうがよい場合が多いように思います。

自分の考えの妥当性の検証（生活保護法や『生活保護手帳』に沿っているのかということとともに、話しをするタイミングも重要です）と被保護者の状況の検討です。もちろん、被保護者の主張が独善的であるときもあり、すべてを被保護者に合わせる必要はありません。ただしこれは冷静に検討した結果、判断します。

筆者の経験では、ＣＷと被保護者が揉めているときに、仲裁に入って議論を整理したり、被保護者の退去後にＣＷから話を聞くと、どう見ても被保護者の意見のほうが正しいと思う場面もありました。筆者も、同僚や上司に指摘されたことがあります。

ＣＷがつまずくときというのは、自分のことばかりで被保護者が見えていないときです。言い方を変えると、行政の都合に関心が傾き、被保護者の状況を十分に把握していない場合が多いように思います。

ＣＷは支援者であるとともに、行政の方針と被保護者の事情や状況をどうマッチさせるかの視点も必要だと思います。

＊私の場合

家庭訪問時に湯茶、菓子類をいただくのもよいとは思いますが、私は断っていました。断る理由は、冬は「お茶をいただくと冷えてトイレが近くなり困るから」、夏は「汗をかいて困るから」、菓子類は「虫歯があって痛いから」でした。このような言い訳は、ある意味クダラナイことですが、相手を不快にしないでこちらの思いを伝えるということです。皆さんも考えてみてください（ちなみに高齢者の方から「虫歯はきちんと治しなさいよ」と叱られてしまったこともありました……）。

summer
その2

家庭訪問ってなんだろう

家庭訪問時の不在

梅雨から夏にかけての暑い時期は疲れます。特に雨降りのなかでの家庭訪問はストレスになります。それでも訪問の目的が達成できたならばまだしも、訪問先の家庭が不在のときなどは、雨のなかで傘を肩に引き寄せて、福祉事務所へ連絡してほしい旨のメモを記入するのは情けなくなります。雨水が首筋から背中に垂れたときは泣きたくなったりします。

しかし、このようなことが起きるのは、家庭訪問を行うことを被保護者の方に知らせていないからなのです（知らせていないのに「今日はケースワーカー（以下「ＣＷ」）が来るぞ！」と予知できる被保護者はいませんし、訪問がわかっていて不在にするならば、それはなんらかの意思表示だと思います）。

筆者がＣＷ研修や研究会等で各地の話を伺うと、家庭訪問日時を事前に連絡調整するのは「当然ですよ」「社会常識ですよ」という自治体や福祉事務所がある一方で、「事前には知らせず突然訪問を行います」「連絡などはしたこともありません」という福祉事務所もかなりありました。

筆者の所属していた福祉事務所は後者で、先輩たちからは「突然訪問することが被保護者の実態把握になる」などと言われていました。

家庭訪問の目的

家庭訪問はなぜ行うのでしょうか。一九五〇（昭和二十五）年の生活保護法制定時の厚生省（現厚生労働省）保護課長の説明では、「**保護は厳正かつ適切に行わなければならないことから、要保護者の生活状態について具体的に知悉《ちしつ》する必要があ**

るので、被保護者の居住の場所に立ち入り調査することを規定した生活保護法第二十八条（あとで条文を見ておいてくださいね）を設けた」としています。[※1]一九五三（昭和二十八）年の厚生省の解説では家庭訪問は計画的に行う旨を述べたうえで、訪問を行う年間の回数についてＡ、Ｂ、Ｃの格付けを行い、家庭訪問を行う間隔を明記しています。[※2]つまり、家庭訪問は保護申請時の調査だけではなく、保護継続時にも定期的に行うことが生活保護法成立当初より位置付けられ、訪問の頻度についても具体的に示されていたのです。

現在の『生活保護手帳』では「訪問調査」の局長通知で、要保護者の生活状況等を把握し、援助方針に反映させることや、これに基づく自立を助長するための指導を行うことを目的として訪問を行うとされています。ここでは家庭訪問が必要な場合として、①生活保護申請時の家庭訪問、②被保護者に対する訪問計画に基づく家庭訪問、③臨時訪問（保護の変更、指導や調査の必要のある場合など）等をあげています。

このように家庭訪問の目的は「調査」が目的であることがわかります。そこで、調査と犯罪捜査が混乱しないように、この調査は犯罪捜査とは異なると法第二十八条で規定されているのです（見方を変えると、生活保護の調査を犯罪捜査と同様に考える向きがあったのかもしれません）。

被保護者のなかにはＣＷに訪問に来てほしくない人もいると思います。やましいことはなくとも他人が室内に入ることを嫌う人や、お金を「握っている」と考えられるＣＷに訪問されることをプレッシャーに感じる場合も多いようです。これらの心情を踏まえて家庭訪問は行う必要があると思います。

※1　小山進次郎『改訂増補生活保護法の解釈と運用』（中央社会福祉協議会一九五一年）四一七頁
※2　厚生省社会局庶務課編『福祉事務所運営指針』（全国社会福祉協議会連合会一九五三年）一三四～一三六頁

事例

不在が続く鈴木さんの場合

鈴木さんは傷病のある三十歳代の女性です。前任の担当者からは、「病状は安定しているようだがデイケアなどを利用していないので、通院状況の確認とたまに様子を見るように」と伝えられました。鈴木さんのアパートは大通り沿いなので、ほかの方の家庭訪問のついでに鈴木さん宅を訪れるようにしています。

暑さが続くある日、生活保護の開始調査の帰りに鈴木さん宅に伺いました。インターホンを鳴らしますが応答がありません。屋内の様子もわかりません。

鈴木さんが不在なのは毎回のことです。昨年度から数えると四、五回は訪問していますがいつも不在です。仕方がないので、明日の午前中に福祉事務所に電話するようにメモを書き、ドアの郵便受けに入れます。これも毎回です。他にチラシなどが入っていませんから気づくでしょう。

翌日の十時頃に鈴木さんから電話がありました。外出のために不在であったことを詫びられます。通院はしているが体調は思わしくないとのことです。ここまでは毎回の会話です。一年近く鈴木さんと会っていないあなたは、もしかしたら就労を始めたのかなと思ったり、「監査」での「長期未訪問」の指摘などが頭をよぎり、近日中に会いたい旨を切り出します。

鈴木さんは快く承諾してくれ、来週家庭訪問をすることになりました。

約束の日時に家庭訪問を行うと、鈴木さんは待っていました。勧められ室内に上がります。室内は整理整頓されており、大きなクマのぬいぐるみ等もあります。体調や通院状況を伺います。順調に話が進みます。就労はしていないようです。そこで、あなたは鈴木さんに家庭訪問時に不在が多いがどこかに行っているのかを、追及調ではなくソフトに尋ねます。

鈴木さんは、しばらく黙っていましたが次のような返事が来ました。

実は在宅していたが、突然家に来られても室内が整理されていないことや、身づくろいができていないこともあり居留守を使っていた。体調が悪く布団が敷きっぱなしのときなどもある。突然訪問されてもビックリするので、できれば事前に電話をしてもらいたい。

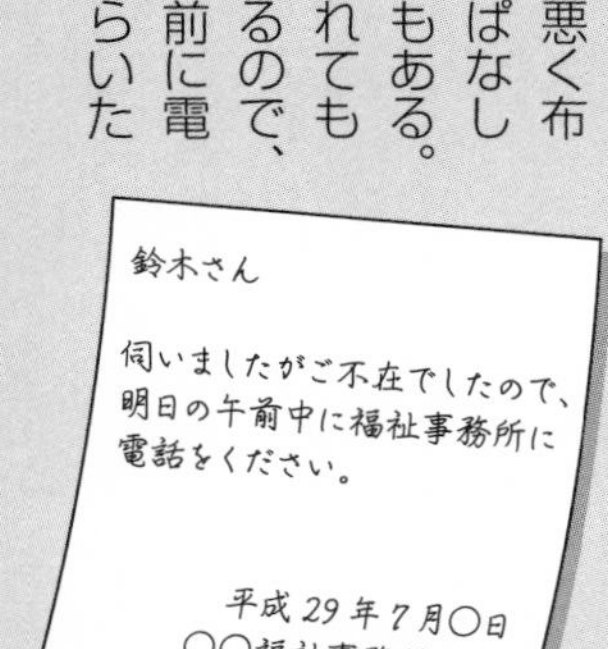
鈴木さん
伺いましたがご不在でしたので、
明日の午前中に福祉事務所に
電話をください。
平成29年7月○日
○○福祉事務所 ××
Tel：××-××××-××××

あなたは、どのように答えますか?
鈴木さんの話も一理あるなと思いつつも、家庭訪問では実態把握が大事と先輩から教わったし……。

実態把握の「実態」とは何か

家庭訪問の目的が具体的で明らかなときには問題は少ないと思います。例えば、生活保護の申請があり保護要件の確認や必要な資料の収受などです。住宅維持費などの一時扶助の支給の判断のための家庭訪問もあります。この場合は被保護者からの連絡で家庭訪問を行いますから待っている場合が多いでしょう。

このほかにも、少し込み入った話の場合、例えば、就労や子どもの進学について話し合うときに、福祉事務所内では電話や他者の来訪などで落ち着かないために家庭で話し合いたい場合もあると思います。これらの場合はCWも被保護者も家庭訪問の目的についての認識が一致しており、訪問日について連絡を取っていることが多いかと思います。場合によっては本当にそこに居住しているか否か、別の居住地に住んでいるのかの確認もあるかもしれません（この場合は被保護者にとっては歓迎できないと思いますが）。

それでは、鈴木さんのような訪問目的が「生活実態把握」の場合はどうでしょうか。このことは把握すべき「実態」とは何か、という問題となります。鈴木さん宅を突然訪問して、室内が整理整頓されていないことを確認することが実態把握でしょうか。なかには食事をとっているときや洗っていない食器、室内で下着を干しているかもしれません。万年床の人もいるかもしれません。また、保護受給を知らない友人や近隣の人が来ているかもしれません。そのような、他人に見られたくない場面を見ることが、生活実態の把握なのでしょうか。

他人が来ることがわかっていながら布団が敷きっぱなしである、食べ残りのパックが散乱している、汚れた着衣が無造作に投げ出されている、これらの状態はその人の生活状況を現していると思います。一方で、他人が自宅に来るとわかったときに部屋を整理する、汚れた食器などは片づけるようにする、このこともその人の日常生活の実態を現しているのです。

突然、家庭訪問して乱雑な部屋を確認することが生活実態把握とはいえないのです。また、そのようなことを確認して記録することにどのような意味があるのでしょうか。その人の生活状況を誤って理解することになりかねません（筆者の経験ですが、かつて役所の独身寮に遊びに行くと、万年床で酒瓶が布団の横に転がっていました。今はみんな（たぶん）立派な公務員になっています）。

突然の訪問は「不正を見抜くため」との意見もあります。しかし、家庭訪問でわかる不正受給とは何なのでしょうか。この点は具体的な内容と効率、効果、被保護者との関係性を踏まえて検討したほうがよいように思います。

効率の良い家庭訪問

結局は訪問目的に沿った対応が必要ということです。

生活保護新規申請の際の調査や、一時扶助の支給可否の調査の際は、家庭訪問の日時の調整がないと、空振りの際には再度家庭訪問が必要になります。一方で、居住の有無の調査等の場合は、事前に連絡したら目的が達成できないこともあります。

社会常識として、他人の家に訪問するときはアポを取ってから訪問することが一般的です。アポなし訪問を行う人は不審者に思われる場合もあります。被保護者を尊重するということとともに、生活実態を把握する家庭訪問では、事前に連絡を行うことが生活実態を理解できる場合が多いのです。

また、CWが〝超〟忙しいなかでの効率性から考えても、二度足を踏まないですみます。厚生労働省も監査事項で、不在が続く場合には、訪問方法を工夫するなど適切な対応措置を取ることを求めています。突然、訪問することのメリットとデメリットを考えてみてください（筆者はこのように考え実行しましたが、それでも担当世帯が多いこともあり、ほかの方の訪問の際に「ついで」に訪問することもありました。しかし、事前連絡した場合と突然訪問した場合とでは空気が違っていました）。

家庭訪問目的の説明

家庭訪問を行う際に事前連絡を入れるとなると、なぜ訪問するのかの説明が必要になります。被保護者に「訪問格付けがCなので行きます」の説明でわかる人はいないでしょう（コレ、実際に電話で話しているのを聞いたことがあります）。「長期未訪問なので監査対策です」、これも何を言っているのか相手がわかりません（そのような場合もあるとは思いますが……）。「生活実態把握に行きます」では相手がビックリしそうです。

先方が違和感をもたずに、「わかりました○月○日ですね、お待ちしています」と言ってもらえる説明が必要かと思います。皆さんも、訪問理由を考えてみてください。*

高齢者宅への訪問の際には体調とともにエアコン等の使用状況を聞きます。夏頃には「故障したみたいで涼しくならない」という方がいます。スイッチを見ると暖房のままになっていたりします。なかにはスイッチは冷房なのに涼しくならないこともありました。最強冷にしても涼しくなりませんが、モーター音はします。いすを借りてフィルターを覗くと埃で詰まっています。台所を借りてフィルター掃除をします。室内は涼しくなり喜んでもらい、「また来てね」とか言われ、ちょっと満足して帰途につきます。

翌日、電話がありました。クーラーが強すぎて風邪をひいたので医療券がほしいとのことです。設定温度まで気が回りませんでした……。

＊私の場合

私は、夏は「熱中症になっていないか心配で」、冬は「インフルエンザが大丈夫か心配で」などと言いました（これでだいたい伝わります）。そこで訪問すると「心配してくれてありがとね」などと言ってもらいました（被保護者の方も合わせてくれているんですね）。

summer
その3

就労支援を考える

あなたは就労支援が好きですか？

就労支援を苦手とするケースワーカー（以下「CW」）は多くいるようです。その理由として、被保護者の方が就労に意欲的ではない、約束通り活動してくれない、場合によっては査察指導員（以下「SV」）や課長からノルマ的に指示されている、などがあるように思います。

一方で、長期間の貧困、疾病などで能力を発揮できない人に、その人の能力を発揮してもらい、その人らしい生活をしてもらうための支援と考え、「就労支援はやりがいがある」と考えるCWもいます。筆者も苦手意識がありましたが、研究会やセミナー等で後者の意欲的な取り組みにふれるなかで、就労支援に対する考えが変わってきました。

就労支援はCWと切っても切れない関係なのですが、その考え方はCWによりかなり違うようです。

あなたは就労支援が好きですか？

就労支援をどのように考えていますか？

それでは、福祉事務所が行う就労支援の対象者とはどのような人たちなのでしょうか。就労意欲があり、スキルがある人たちの多くはハローワークや求人誌、インターネットなどで求職活動を行いますので、福祉事務所で就労支援を受ける必要は少ないと思います。

福祉事務所で就労支援を行う人の多くは、稼働意欲がないと思われる人、就労にあたってのスキルが低い人、生活上の課題のある人たちなのではないでしょうか。見方を変えると、就労が難しくCWの負担が大きな人が対象となるのだと思います。

就労と保護要件

CWと就労支援が切っても切れない関係とは、保護の要件に「利用し得る資産、能力その他あら

ゆるもの」を活用することが明記されているからです（生活保護法第四条一項）。

この能力とは稼働能力をさすことから、利用し得る稼働能力を活用することが保護の要件（「稼働能力」ではなく「利用し得る稼働能力」であることに注意してください）であり、活用しない場合は保護が受けられないという事態も生じかねません。

そこで、稼働能力を活用しているか否かの判断が必要になりますが、稼働能力の活用は資産や収入のように数値化することが困難なものですから、客観化が難しくＣＷの主観的な判断により保護を受けられたり受けられなかったりする可能性が生じます。これは要保護者はもちろん、ＣＷにとっても怖いことです。このようなことから稼働能力活用の判断基準が必要になり、厚生労働省は次のような基準を示しています（『生活保護手帳』に掲載されていますのであとで見てくださいね）。

稼働能力を活用しているか否かについては、①稼働能力があるか否か、②その具体的な稼働能力を前提として、その能力を活用する意思があるか否か、③実際に稼働能力を活用する就労の場を得ることができるか否か、の三点で判断をします。

この判断にあたっては、必要に応じてケース診断会議や稼働能力判定会議等を開催するなど、組織的な検討を行うこととされています（たぶん、ＣＷ一人だけで判断しないほうがよいよ、ということではないでしょうか）。

第一の稼働能力があるか否かの評価については、年齢や医学的な面からの評価だけではなく、その者の有している資格、生活歴・職歴等を把握・分析し、それらを客観的かつ総合的に勘案して行うこと、とします。つまり「稼働年齢層だから」「医師の稼働可能の判断があるから」ということだけでなく生活歴等をふまえて総合的に判断することが求められています。つい、年齢や医師の判断だけで「稼働能力がある」と決めてしまいがちですが、そうではないのです（ココ、とても重要なところです）。稼働能力がないと判断されれば、この議論は終了となりますが、稼働能力があると判断した場合は次に移ります。

第二の稼働能力を活用する意思があるか否かの評価については、求職活動の実施状況を具体的に把握し、稼働能力の有無で評価した稼働能力を前提として真摯に求職活動を行ったかどうかをふまえ行うこと、としています。

第三の就労の場を得ることができるか否かの評価については、稼働能力の有無で評価した本人の稼働能力を前提として、地域における有効求人倍率や求人内容等の客観的な情報や、育児や介護の必要性などその者の就労を阻害する要因をふまえて行うこと、とします。

このようにここでの議論は稼働能力の有無が重要な問題であり、議論の前提とされますが、稼働能力は「ある」「ない」の二者択一ではなく、「ある」ならばどのような能力が、どの程度「ある」のかの検討も必要になります。そのうえで、活用の意思や就労の場を得ることができるか否かの議論となりますが、その人に合った就労の場の判断も必要であり、これらの判断はＣＷにとり大変な手間がかかるとともに難しいものとなります。

事例　就労支援を拒む藤堂さんの場合

五十代後半の藤堂さんは中学卒業後、各地で工場勤務や運転手等をしていましたが、会社の経営悪化などで解雇されてしまいました。その後求職活動をしていましたが、腰痛がひどくなり就職できないまま、生活困窮に陥り生活保護を受給しています。

前任のＣＷからは「藤堂さんは稼働能力があるのに就労意欲が低い。場合によっては指示書を出すことも検討を」との引き継ぎがありました（あなたは「おいおい、指示書を出すならば自分の時にやっておいてくれよ」と強く思います）。ＳＶからも「就労支援員と連携し強く就労指導をするように」と言われました。

藤堂さんが医療券を取りに来所したときに面接室で面談します。新しく担当になった挨拶をします。藤堂さんは少し緊張しているようですが、就労の話になると戦闘モードとなります。就労については、「働きたいが腰痛がひどく働けない、ひどいときには痛くて動けない」と言います。

「軽労働ならば就労可能」との前任者が収受した主治医からの意見書を見せると、「痛いものは痛い。それでも働き先があるならば紹介してくれ」などと言います。担当員変更直後から揉めたくなかったので「今日はこれぐらいにしてまた相談しましょう」と言うと「もうこないし相談もしない」

と取りつくシマがないまま面接が終わりました。

その後、何回か面談を設定したところ、いずれも藤堂さんは約束通りに来所してくれました。求職状況をたずねると、過去に藤堂さんなりに求職活動をしていたようですが、携帯電話を持っていないことや保証人が立てられないことなどから就職には至らなかったようです。

就労支援員と一緒に面談をすることになりました。就労支援員が求職情報の提供を行い、えり好みしないで就労するように強く言っても藤堂さんは「きっとだめだ」「行くだけ無駄」などと返します。「腰痛のある人は他にもいるが働いている人もいる」と話すと「自分とは違う」と言い返します。「無精ひげや髪がボサボサなので面接の際は身だしなみに気をつけるように」と言っても、「髭は剃らない、髪はとかさない」などと返ってきます。

就労支援員はこれでは支援ができないとSVに報告します。SVからは、求職活動を一生懸命しないようならば指示書を出して停・廃止も検討するように言われます。しかし、指示書を出せば求職活動を熱心にするのでしょうか？　保護が停・廃止になったら藤堂さんは生活できないようにも思います。


藤堂さん、何で働いてくれないの？　CWは藤堂さんについて、そろそろストレスになり始めています。

あなたならどうしますか？

就労支援とは何だろう

福祉事務所が就労支援を行う場合とは、稼働意欲が低いと思われる人や就労のスキルが低く一般就労が難しいと思われる人が多いと思います。それでは、この意欲が低いと思われる人をどのように考えればよいのでしょうか。就労収入がないということは、生活費は保護費だけとなります。保護費だけでは友人との付き合いや趣味などにお金をかける余裕はありません。するとそのような生活で満足しているのでしょうか。

筆者の経験では、就労をしていないと主張しながら、実は陰で就労していた人がいました。なぜ申告しないのか聞いたところ、収入認定されたら生活費が減るからとのことでした。上司は不正受給だと怒っていましたが、生活水準をよくしたいと思うのは、就労意欲がない人よりも向上心があるのではないかと、ある意味感心しました（もちろん不正はダメです）。

就労意欲がない原因を考えよう

病気の再発が不安な場合、過酷な就労歴しかなく就労に不安が強い場合、そもそも就労したことがない場合、起床ができない場合、人と会話することが怖い場合……。就労するとすぐに廃止になると思い込んでいる場合（生活保護制度を誤解している人は案外います。筆者が驚いたのは、保護開始時に「これからは働かないようにします」と言った人がいたことです。この人は保護受給者は就労してはいけないものと思っていました）。

なぜ、就労をしようとしないのか、求職活動をしないのかはきちんと聞いてみてもよいと思います*。それでもよくわからない理由で就労しようとしない人がいます。この人たちは就労ができるのでしょうか。形だけの求職活動をしても、就労意欲がない人を雇用してくれるような会社はあるのでしょうか。

相手の状況に合わせた支援

福祉事務所の就労支援とは、「働いたほうがメリットがある、得だ！」と本人が理解できるような支援をすることではないかと思います。本人がその気になり、CWや就労支援員と同じ方向を向くことから、就労先や条件、就活方法等の問題に移れるのです。つまり、本人の意欲が低い理由、拒む理由の理解が必要になります。

藤堂さんはなぜ、あんなにかたくななのでしょうか？

「鉄は熱いうちに打て」などと保護開始当初からの積極的な就労支援が語られることがあります

が、闇雲に打ったら鉄をダメにしてしまいませんか？　そもそもすべてが鉄とは限りませんし、打ってみたら壊れることもありませんか？　支援に時間がかかることと何もしないこととは違うのです。

相手の状況に合わせ対応を考える姿勢が必要かと思います。

日本語が不自由な外国人を担当したときのことです。前任者が日本語習得等を勧めていましたがうまくなりません。本人も嫌になっているようでした。そこで、お金が欲しくないのかたずね、日本語ができなくともきちんとしたところで働いている人もいる話をしました（日本語が不自由なので苦労しました）。すると、お金は欲しいというので、ハローワークに同行しました。トントン拍子で話が進み仕事が見つかり収入増廃止となりました。

廃止の際によろこんでいるかと思い感想を聞いてみると、もっと早く教えてくれたらよかったのにと不満気でした。筆者も一瞬ムッとしましたが、その人が何をしたいのかを考えることから物事は進むことを学びました。

＊私の場合

筆者は担当員変更後の面談では、現在保護受給している理由や不就労の理由を聞くようにしていました。

就労については本人が□□□をしたい、△△△をするつもりと言うときは、「○か月（三か月から半年位、こちらの忙しさも加味します）好きにやってみてください。それで就労できないならば具体的に相談しましょう」などと言いました。この提案を拒む人は少ないのですが、多くの人は就労できませんでした。そこで、次のステップに移ります。

autumn
その4

連携と制度のスキマ

ケースワーカーへの依頼

　新人ケースワーカー（以下「CW」）の方は、仕事に慣れましたか？　疲れていませんか？　仕事内容の雑然さが嫌になっていませんか？

　研修などでCWの仕事は、「最低生活保障と自立の助長」と説明されたと思いますが、CWだけでさまざまな課題をもつ被保護者を支援することは難しい場合が少なくありません。そこで関係機関との連携が問題となります。

　しかし、なかには「連携」なのか「雑用」なのか、「そもそもCWが行うべき業務なのかがわからない」場合もあります。例えば、医療機関から「飲酒して来院し、受付でトラブっているので引き取りに来てくれ」とか、役所の他課からも「被保護者に窓口で説明しても納得してくれない。来て説明してほしい」「代わりに書類を書いてほしい」などと言われることがあるかもしれません。

　ここでむげに断って後から支障が出る可能性も考えてしまいますが、これらが社会福祉法や生活保護法に基づく業務かは疑問ですし、そもそも同じことを被保護者でない人が行ったときにはその機関はどう対処するのでしょうか。

　関係機関やほかの行政機関からのこのような連絡がくるのは、CWは被保護者の「保護者」のように思われているからで、被保護者の「管理」をCWが行っていると思われている節があるように思います。

関係機関との連携の必要性

　しかし、関係機関との連携は重要です。関係機関との連携について厚生省（現厚生労働省）は生活保護法制定直後から、「業務の円滑な実施を図

るためには関係機関の協力が必要であって、この協力なくしては実効を期しがたい。よって、関係機関とは十分連絡を保ち協力が得られるように意思の疎通を図り問題解決にあたることが必要である」と述べています。

また、「要援護者の指導援助の過程において、利用し得る機関、施設、組織等を有効適切に活用し、自らの職務の遂行に万全を期する融通無碍の知識と能力をもつことがCWの要件として大切」と述べるなど連携を重視していたことがわかります。※1

その後も厚生省は関係機関との連携を強調し、「ケースの態様によっては、福祉事務所の機能にはおのずから限界があるので、社会資源の活用を積極的に図る必要がある」と述べ、「社会資源の活用は住民福祉のための責任と業務分担の明確化であり、社会資源の活用による具体的なサービスの提供はケース処遇上きわめて重要な方策である」とも述べています。※2

生活保護法制定当時から被保護者の支援はCWだけの対応では困難な場合が多いので、生活保護行政では関係機関と連携した、他法他施策の活用が不可欠ということだったように思われます。

※1 厚生省社会局庶務課編『福祉事務所運営指針』(全国社会福祉協議会連合一九五三年)一四三、二二七頁

※2 厚生省社会局庶務課監修『新福祉事務所運営指針』(全国社会福祉協議会一九七一年)一七四頁

事例

身寄りのない谷さんの入院

谷さんはひとり暮らしの高齢者です。親族はおらず、人づきあいが苦手で友人もいないようです。家庭訪問すると家具などはあまりなく、万年床で室内はかなり乱雑です。新聞や雑誌を読むのが好きですが捨てられず、古新聞や変色した雑誌が、衣類や雑貨類と混ざって足の踏み場もなく雑然と置いてあります。

あなたが「もう少し整理したほうがよいのでは」と言うと、「畳の上に新聞や雑誌があると冬は寒くないからね」などと笑って言います(あなたは「夏は暑いよ!」と思います)。

異臭がするほどではありませんが着衣も少し汚れており、洗濯は「たまに」するそうです。ただ、

そのほかには大きな問題はなく、定期的な通院をしており、何かあると福祉事務所に連絡をしてくれます。

ある日、総合病院の医療ソーシャルワーカー（以下「ＭＳＷ」）から電話がありました。谷さんが外出中に倒れ、救急搬送されたそうです。幸い命に別状はないものの、意識はありますが安静が必要で、ベッドから動くことができずしばらく入院が必要とのことです。

ＭＳＷからは、紙おむつを使用しているとの報告のほかに、救急入院なので着替えや寝巻、洗面道具がなくお金も持っていない、ということです。

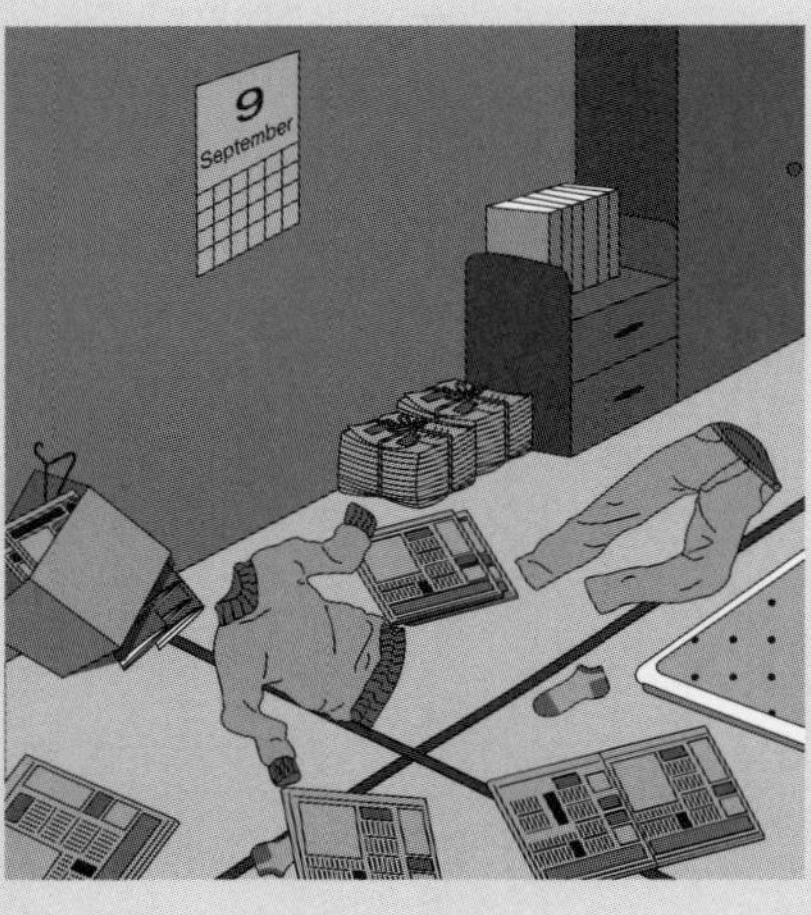

ＭＳＷが谷さんに聞いたところ、財布や通帳も家に置いてあるが親族、知人がいないので困っているとのことでした。

そこでＣＷのあなたに、「谷さんの家に行き、着替え、洗面道具、財布、通帳等を持って来てほしい。谷さんも了承しており鍵は自分（ＭＳＷ）が預かっている」とのことです。

あなたは「それはＣＷの仕事なのか?」と思いますが、「とりあえず上司と相談します」と答えます。ＭＳＷからは「早くしてね」とダメ押しされます。

係内で相談したところ、谷さんの前担当ＣＷからは「あの部屋で財布などの捜索は無理。だいたいきれいな寝巻や下着を持っているのか疑問」と言われました。査察指導員からは、「紙おむつの支給はＯＫ。必要ならば入院時の寝巻代の支給も検討するように」と言ってもらえましたが、「取りに行くのはやむを得ないかもしれないが、万一『何かなくなった』と後から言われたら困るので、一人で行ってはダメ」と言われました（あなたは「これは、行かなくてはいけないか」と思います）。

係内で谷さんの留守宅を訪問する日程を調整していたところ、病棟看護師からも電話がありました。「谷さんは寝巻、下着の一日の着替えが多く必要なので、病院出入り業者のレンタル費用を生活保護で出してほしい」と言われます。しかし、金額を聞くととても谷さんが支払えそうにありません。

　すると「無理ならば下着、寝巻を多めに準備してほしい。またその洗濯をCWがやってほしい」と言われてしまいました。

　あなたはどうしますか?

制度外のスキマのニーズ

　制度のスキマの問題は、日常生活では生じがちなことです。保護費の支給要件や基準内で融通できるならばよいのですが、必要な費用が、基準を超える場合やそもそも支給の対象とならない場合があります。この場合でも、本人が支払える場合や、親族等の援助で対応できる場合もありますが、これらが難しい場合も少なくありません。

　この問題はCWの悩みのタネで、かつてはアパートを借りるときの保証人問題がありました。保証人がいない場合はアパート契約が難しかったのですが、現在は敷金等に保証料も含められ、一応の解決が図られています。アパート契約更新の際の更新料も同様です。

　このように、改善されているものもありますが、実施要領がそのようになっていない場合に問題が生じてしまうのです（ちなみに、厚生労働省では毎年春季に全国の福祉事務所に実施要領の改正意見を求めています。この時に実態に沿わず困っている事項などについて提案すると改善されることがあります。ぜひ、使いやすい実施要領にするために意見を出してください）。

　制度外の問題はお金の問題だけではありません。例えば、親族がいない被保護者の手術の同意書の署名をCWが求められることがあります。このほかにも、筆者の経験では日曜日に他県の警察署から飲酒している被保護者を保護したので引き取りに来るように連絡がありました。また、同僚は被保護者が病院に救急搬送されたものの大したことはなく、帰宅させるので引き取りに来るように深夜、救急隊から連絡があったそうです。

その行為は誰の利益のためか

　これらは、制度内の連携とはひと味違う問題で、被保護者自身が対応することができず、また関係機関も対応できない（したくない）ためにＣＷのところにお鉢が回ってくると考えられます。

　それでは、このことで「誰」が困っているのでしょうか。

　制度として解決できないということは、ＣＷに権限はなく義務もない場合がほとんどだと思います。他機関ができないこと、行わないことを引き受けるのは少し重いですし、好意のつもりで引き受けても、場合によっては個人としての責任を問われることがあるかもしれません。

　しかし、これらを杓子定規に断ってよいかは考える必要があります。どの問題も「縄張りの範囲か」否かで判断を始めたら、生活保護に限らず福祉行政は成り立ちませんし、困るのは被保護者や福祉を必要とする住民だからです。

　ポイントは「スキマ」を埋める行為が、「誰」のために行うのかということなのです*。


　谷さんの寝巻、下着の準備は谷さんが困っており、自宅まで取りに行き病院に届けるのは谷さんのためです。アパート契約時に保証人がいないために契約ができずに困るのも被保護者自身ですから、実施要領が改正されたのです。

　それでは前述の警察や救急からの引取り依頼についてはどうでしょうか。被保護者でなければどうしたのでしょうか。これらは、機関の機能、役割の問題であり、ＣＷがムリして対応する必要は少ないと思います（私も同僚もその場で断りましたが、それで何か問題は生じていません）。

　身寄りのいない被保護者の手術の同意をＣＷに求める場合はどうでしょう。ＣＷに被保護者の身体を侵襲することに同意する権限がないことはもちろんですが、本人が手術を希望していてもこの同意はリスクが高いと思います。単に形式的なことならば行う必要はありませんし、何か実態を伴うものならば責任問題になります。これは医療機関の内部手続きであり、手術を行うか否かは医師の判断ですから、ＣＷの同意がなく手術が（本当に）できないならば医療の問題として医療機関が検討すべきなのです。

スキマを埋めるとは協働して支援をすること

連携がお互いの本来業務であれば問題はありません。しかし、制度外の「スキマ」をどうするかの問題は、「助けてもらいたい」立場の機関が提起する場合が多いと思います。そうであるならば、一方的に押しつけられない限り（ここは注意が必要です。押しつけておいて「後は知らないよ！」という対応をされたこともありました）、被保護者を協働で支援することで互いの機関の信頼関係をつくることを考えてもよいと思います。

また、先方から依頼のときには関係機関と一緒に動くとよいと思います。

例えば谷さんの場合は、鍵を預かっているMSWと一緒に荷物を取りに行くのもよいかもしれません（道々MSWと雑談したりすると信頼関係がアップしそうです）。

洗濯は医師や看護師、MSWなどの業務ではないことは明らかですが、CWの職務でないことも明らかです。そこで、互いの立場を確認したうえで、どこまで谷さんのために（本来業務外で）動けるかを話し合う（譲り合う）ことで、その後の病院との関係が良いものになることもあると思います。

＊私の場合

筆者の場合、依頼を受けたときに誰のためかをまず考え、行った場合と拒んだ場合のリスクとメリット、また「やる、やらないの議論」をするコストも考えましたが、なるべく受けるようにしました。

この問題はリスクさえ注意すれば、案外おもしろく、よい体験になります。また、お互いの守備範囲を明確にしたうえで一緒に働いたり、「住民のため」という姿勢を見せてCWが対応すると関係者に好意的に受け止めてもらえ、お互いの「手持ちカード」が一枚増えることになります。

autumn
その5

相手の気持ちを尊重するとは

被保護者との対人関係

家庭訪問は計画通りできていますか？　訪問先では、日常生活や体調、就労や子どもの進学、近隣との関係など様々な相談を受けているのではないでしょうか。場合によっては、相談というよりも世間話としか思えないものや被保護者のグチもあるかもしれません。このあたりは多少お付き合いをしても、長話になると終わらせるきっかけを考えたりすることもあります。しかし、このような話をケースワーカー（以下「ＣＷ」）にするということは、「悪意」や「敵意」をもっていない場合が多いと思われますので、けんか腰の対応をされることを考えれば、「まっ、仕方ないか」という割り切りもアリかもしれません。*

生活保護行政では、対人関係についての公式マニュアルなどがなく、経験や先輩からの口伝によって習得しなくてはならない場合が多いと思います。「公式」本としての生活保護手帳はＣＷにとって必携ですが、この本は扶助費の額や支給要件、指導指示や行政処分等がほとんどで、生活保護行政における対人関係についてはあまり書かれていません。

ＣＷの仕事が経済的な給付だけならばこれでもよいのですが、実際には対人関係があります。事務処理の大変さだけでしたら、役所の中にはＣＷ以上に大変な部署も多いと思います。役所の内外で「ＣＷは大変だね」と言われるのは、被保護者との対人関係の部分ではないかと思います。

対人関係の重要性

ＣＷの対人関係については一九五〇年の生活保護法や一九五一年の社会福祉事業法（現社会福祉

法）制定直後から重視されていたようです。当時の厚生省（現厚生労働省）は、地区担当員（CW）が「具備する必須の要素」を六項目あげ、「正確であること」「想像力に富むこと」「理解力を持つこと」の項目では、被保護者との関係性について次のように述べています（他の項目は「純粋な人間愛を持つこと」「研究心に燃えること」「社会資源を活用し得ること」です）。※1

・**正確であること**

　地区担当員の任務は対人関係にあり、その活動の如何が一人一人の人間の死活の鍵を握るものであるだけに、自らの言動に、要保護者の観察に、収支の認定に又ケース記録その他の業務に正確を期することが必要である。

・**想像力に富むこと**

　地区担当員は相手の態度、行動によって要援護者の環境、生活状態の実情を的確に推察し、指導、援護に当たらなくてはならないのであるから、想像による正確なる観察力を養うことが大切である。

・**理解力を持つこと**

　要援護者の振舞い言動によって早合点することなく、内容を深く、その背後に潜む人情の機微に至るまで、その人の置かれている立場や実情を深く理解するだけの力を持つことが大切である。

　その後も厚生省は対人関係の重要性を強調しています。そこでは被保護者への視点について「福祉事務所の門をたたく人は、長い間の貧困との闘いに疲れ果てて一見性格が偏っている人もあるかもしれないし、身体に障害を持ち、前途に希望を失っている人、家族との不和をなげく孤独でかたくなな老人、知恵遅れの子供を持って思いつめている親、夫が蒸発し、途方に暮れている母子等、さまざまな心の迷いや心配ごとを抱えて、思い余った末相談に来る人も多いのである。これらの人たちと接触する現業活動職員（CWのことです＝筆者注）は、そのような相手の気持ちを十分に洞察できる素養・知識及びケースを自立更生させるための処遇の技術を身につけていなければならない」と述べています。※2

　今から見ると、少し目線が高いようにも感じますが、その趣旨は妥当であり現在でも必要と思われる内容と思います。つまり、生活保護行政では当初から対人関係の問題、特に被保護者への視点は重視されながら、このような文書を示さなくてはならないほど、厚生省も（CWも）苦労していたのかもしれません。

※1　厚生省社会局庶務課編『福祉事務所運営指針』（全国社会福祉協議会連合会一九五三年）二二五～二二七頁
※2　厚生省社会局庶務課監修『新福祉事務所運営指針』（全国社会福祉協議会一九七一）一二頁

事例

受診を拒む井上さんの場合

五十代で単身の井上さんは若い頃から飲食関係の仕事をしていました。一時はお店をもっていたそうですが、体調を崩してから商売がうまくいかずお店も手放しました。その後お酒の影響もあり内臓疾患が悪化し、就労できず保護受給しています。

井上さんの担当となった五月、あなたは初めて家庭訪問しました。物腰の柔らかそうな人で、日中は近所の公園で釣りの様子を見ていることが多いとのことでした。通院は「薬がなくなったとき」と言いますが、体調は悪くないようです。台所のパック焼酎が気になります。

秋になり二回めの定期訪問をしました。テレビがついています。井上さんは布団で横になっていました。ここ一週間ほど体調が悪いとのことで、食事は買い置きのレトルト食品などを食べているそうです。

受診状況を聞くと「薬があるので行かない」と言います。受診するように勧めても、診てもらっても良くならないし待合室で待たされるのが嫌なのでしばらく様子を見たいとのことでした。

受診を促すと明日にでも通院すると言います。自分で行けるから大丈夫、迷惑かけてすみませんなどとも言います。明日は必ず受診するように話して帰途に就きました。

一週間後、井上さんの様子を見に行きます。ドア越しに声をかけても応答がありません。テレビの音はします。ドアノブを回すと開きました。少し異臭がします。声をかけると返事がありますが、布団で横になっているようです。

室内に入り話をします。顔色が悪く動くのも辛そうですが、受診していないそうです。動けないならば救急車を呼ぶかたずねると、いらないと言いいます。食事は適当にとっているから大丈夫とも言います。少し飲酒もしているようです。受診については前回と同様のやり取りがあり、必ず受診するように言い残して帰ります。

　福祉事務所に戻り査察指導員に報告しほかのCWにも相談をします。井上さんの前担当CWは「ちょっとワガママなところがあるからなぁ」とも言います。係で話し合った結果、万一を考えて翌日に前担当CW同行のもと説得を試み、通院同行を行うこととしました。病院に事前に連絡を入れておきます。

　翌日、家庭訪問しましたが受診は拒みます。理由を尋ねても「大丈夫、自分でできる」と繰り返すばかりです。前担当CWが強く説得しても「保護を受けていると役所の言うことはなんでも聞かなくてはいけないのか」などと言い出します。

　このままではラチがあかないと考え一一九番しましたが、救急隊が到着しても井上さんは搬送を拒みます。救急隊も搬送を説得しますが拒まれ困ってしまいます。

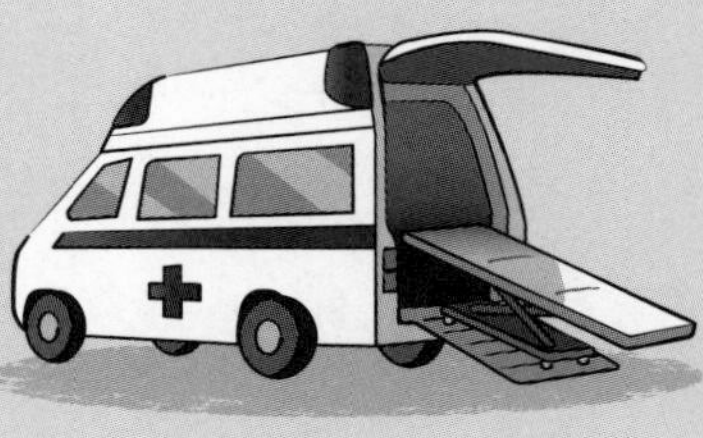

　結局、現状では命に別状はないということで、救急搬送をしないままで終わりました。

　井上さんは自分では受診できないようですし、そのつもりもないようです。しかし放っておくと今後、命にかかわるようにも思います。どうすればよいでしょうか。

「納得してもらう」難しさ

　被保護者の不合理とも思われる主張にとまどう経験をしたCWは少なくないと思います。その理由が明らかであれば、どのようにしたいのか相談する余地もありますが、井上さんのようにただ拒むときには困ってしまいます。

　これらは、収入申告を拒む等の保護の要件にかかわる次元の話ではないので指導指示の対象ではありませんし、指導指示をしても解決しないと思います。また、井上さんに被保護者の健康保持、増進の義務（生活保護法第六十条です）を言い聞かせても解決にはならないでしょう。

　つまり、「法的」「制度的」な対応がきかない場面なのです。そこでは「納得してもらう」しかなく、説得や説明、場合によっては情に訴えることも必要になりますが、難しいところです。

給付や「こうしてほしい」という被保護者からの要求であればその妥当性、正当性を判断し対応の可否を決めることはできますが（生活保護制度はここを前提にしているのではないでしょうか）、被保護者からの相談がない場合や拒む場合、放っておいてほしいという場合には、CWの対応は難しくなるのです。

命にかかわることでしたら、本人の意思と異なっても多少強引な方法もとれるかもしれません。しかし、井上さんのように受診は必要であっても、現段階では直接命に関わる状況でない場合はどうでしょうか。CWが毎日様子を見に行くとか、民生委員に見に行ってもらうこともあり得ますが、際限なく行うのはちょっとつらいところです。

このほかにも、ゴミ屋敷に居住していて極めて不衛生な生活にもかかわらずゴミの撤去を拒む人、介護サービスを拒む高齢者、特に展望や計画もないまま高校を中退してしまう子ども、毎月保護費を短期間で浪費してしまい生活ができなくなる人などもいるかもしれません。

こうした状況について、本人がうまく整理して説明することができないとしても、実は本人なりの考えや理屈はあるのかもしれません（表面的には、考えや理屈もなくただ「嫌だ！」という感情を訴えているだけに見えるかもしれませんが、なぜそのような感情が生じたか、という問題はあります）。本人との関係性がある程度築けているのならば、被保護者のこのような態度は理解できるのかもしれませんが、実際にCWが問題に直面するときは、何とかしなくてはいけない状態が生じてからの場合が多いですし、日常的に深く被保護者と接していない場合がほとんどですから、いざというときには「理解不能」と思われる状況になってしまうのだと思います。

井上さんはなぜあんなに受診を嫌がるのでしょうか。受診したほうが（場合によっては入院したほうが）井上さんも楽になると思うのですが……。

理屈と感情

人間は理屈、利害得失だけで動くものではありません。生活保護の話だけに限らず私たちも日常生活で、「トクをすることでもやりたくない」「ソンするかもしれないがやる」と判断することがあります。これは理屈とは異なる感情の問題ですし、感情は否定されるものでもありません。

被保護者の意向や気持ちは尊重するべきですが、それをどこまで尊重するかの議論も必要です。経済給付のレベルでしたら、生活保護行政としての判断基準がありますから比較的容易かもしれません。給付の問題は利害得失の理屈の世界ですが、感情問題が絡んでくると難しくなるのです。

井上さんが倒れており、意識がなければ（拒めませんから）直ちに一一九番に連絡して搬送をすることが可能です。しかし、受診を拒む井上さんの場合は、本人の意思を尊重する限界点はどこなのでしょうか、倒れるまで待つことが必要なのでしょうか。

筆者の経験では、本人が嫌がっても強引に入院させたことがありました。病状が落ち着いたときに、なぜ入院をあんなに嫌がったのか尋ねると、本人もよくわからないとのことでした。一方で、歩行可能になったとたんに自己退院してしまった人がいます。「苦労して入院させたのに」と腹が立ちましたが、病院のソーシャルワーカーから「歩行できるまで回復できたのだから入院させてよかったじゃない」「次回もお願いね」と言われました。

＊私の場合

家庭訪問であまり重要と思えない話が長くなる場合があります。精神的・時間的に余裕があればお付き合いしますが、いつも慌ただしいなかでは「ほかに約束があるから」などと言って打ち切ってしまいがちになります。話し相手がいない人も多いようなので、いつも打ち切る人にはたまに時間を決めてお付き合いしました（話すよりも聴くことが大切です）。

一見時間が惜しいようですが、これはこれで「投資効果」は大きく、その後の関係はスムーズになります。

autumn
その6

保護の申請

申請主義とは

毎年十一月にもなると、地域によってはかなり寒くなり、訪問などが大変になっているのではないでしょうか。また、ホームレスの人たちには厳しい季節となるのではないかと思います。

筆者のいた福祉事務所に外国からの研修生がしばらく来ていたときのことです。忘年会の帰り道、みんなで繁華街の地下通路を歩いているとホームレスの人が丸くなって寝ていました。研修生はそれを見て「なぜあの人たちは保護にならないの」とたずねましたが、誰も答えることができませんでした。そのとき研修生からは「申請主義だから？保護申請しないから？」と重ねて聞かれたのでした。

生活保護法では、保護は申請に基づいて開始すると規定されており（法第七条）、これが申請主義といわれるものです。申請主義が規定された理由について、生活保護法制定時の厚生省（現厚生労働省）保護課長は国民に保護請求権が与えられ、その発動形式としての保護申請が規定されたと説明しています。[※1]

つまり、保護申請は法に規定された国民の権利の行使ですから、福祉事務所は保護申請を拒むことができません。また、保護申請は書面により行わなければならないものではなく、口頭による申請も認められています。[※2] しかし、現実問題としては「言った」「聞いていない」等の問題が生じやすいので、申請書に記入ができる人には書いてもらうほうが良いと思います。

厚生労働省の「生活保護法施行事務監査事項」の着眼点でも、保護申請に当たっては、事前に関係書類の提出を求めることなく申請書を交付しなくてはいけませんし、「居住地がなければ保護申

請できない」『稼働年齢層は保護申請できない』『自動車や不動産を処分しなければ申請できない』などの誤った説明や、扶養が保護の要件であるかのような説明は厳に慎しまなくてはいけないとされています。[※3]

ましてや「水際作戦」などと称される、福祉事務所職員による申請抑制・申請妨害行為はあってはいけませんし、そのようなことをしているのではと疑われるような行為もダメと述べています（申請権の侵害は違法行為なのです）。

※1　小山進次郎『改訂増補生活保護法の解釈と運用』（財団法人中央社会福祉協議会一九五一年）一六二～一六三頁
※2　「問9-1口頭による保護の申請」『生活保護手帳別冊問答集二〇一七』（中央法規出版株式会社二〇一七年）三四九～三五〇頁
※3　『生活保護手帳二〇一七年度版』（中央法規出版株式会社二〇一七年）七〇七～七〇八頁

必要な割り切り

筆者がケースワーカー（以下「ＣＷ」）の頃、新規の申請があったときには面接担当が申請書を持ってきます。普段は「コレコレの理由で生活困窮になり申請受理したので家庭訪問等の調整をしてもらいたい」という場合が多いのですが、ごくまれに「保護にはならないけれどどうしても申請受理してほしいというから」受理する、ということがありました（面接担当は申し訳なさそうな雰囲気を漂わせています）。

この場合の多くは家庭訪問や調査を行い、困りごとを整理して本人が納得して申請を取り下げることになりますが、なかには却下したこともあります。筆者が査察指導員（以下「ＳＶ」）のときに、このような申請受理があり、担当ＣＷが連日残業しているときには胸にグッとくるものがありましたが、「制度だから割り切ろう」とＣＷに（自分の心にも）言い聞かせていました。法律がそうである以上、公務員の違法行為は許されませんから割り切るしかないのです（この場合は係で協力しあって対応しました）。

申請がないと保護はできないか

保護は申請に基づき開始する、ということは申請がないと保護ができないのでしょうか。要保護者が急迫した状況にあるときには、保護申請がなくとも保護はできます（法第七条）。例えば、傷病で意識不明になり救急搬送された場合などでは、申請を求めることは無理があるわけです。

しかし、保護申請を行おうと思えば容易にできるが、保護申請しない要保護者（申請すれば保護になる場合）についてはどうでしょうか。本人が保護受給の意思がない場合に保護をしても、扶助費を取りに来ませんし、調査等に協力をしてもらえませんから、やはり保護することは難しいことが多いと思われます。

この場合は対人援助として、保護を拒む要保護者に対してどのように納得してもらうかが課題となります*。

事例

保護申請を拒む武田さんの場合

あなたが家庭訪問から戻ったある日、役所の集まりで知り合った小学校の先生から電話がありました。

武田君という低学年の児童のことです。先生によると、武田君は忘れ物が多く、着衣や持ち物等から生活が苦しいように思われていました。これまでも武田君に聞いても家庭の状況がよくわからず、また保護者に電話をしてもつながりませんでした。先生は何回か家庭訪問をしましたが、保護者とは会えなかったそうです。

この日、給食の際の態度から武田君に事情を聴いたところ、昨晩から何も食べていないということがわかり、校長先生と相談したうえでどうしたものかとあなたに電話をかけてきたのでした。

先生から武田君の住所や保護者名などを聞き、福祉事務所内の資料を見たところ、昨年母親が生活保護の相談に来ていたことがわかりました。その時に面接したCWに事情を聴いてみると、要保護状態だったので生活保護申請を勧めたが「夫と相談して改めて来所する」と言ったきりそのままになっているそうです。

その時の面接記録票等から家庭の状況はわかりましたが、家賃も長期滞納があるなど生活はかなり困窮しているようです。

SVに相談したところ「子どもがいることもあるし、とりあえず家庭訪問しよう」と言ってもらえ、SVといっしょに家庭訪問することとなりました。

武田君の家は古いアパートでした。チャイムを押しますが、反応がありません。壊れているようです。ドアをドンドンと叩きます。ドアが開き子どもが顔を出しました。武田君のようです。着衣はシミなどがあり洗濯をしばらくしていないようです。玄関はゴミの入ったコンビニ袋が散乱しています。

武田君によるとお母さんは出掛けており、お父さんは仕事で夜にならないと帰らないと言います。改めて訪問することにして、外付けのメーターを見ると電気は通じているようですが、ガスは止められていました。

その晩SVとともに再度家庭訪問しました。窓越しに電気がついているので在宅はしているようです。

ドアを強くノックします。お母さんが出てきました。福祉事務所から来た旨を話すと驚いています。室内からお父さんも出てきました。玄関で話が始まります。

SVは「以前相談していただいて、その後連絡のない方のお宅を訪問しています」などと話し始めています（あなたは「うまいなぁ」と思って聞いています）。お父さんは日払いの不安定な仕事をされていて、生活はかなり厳しいようです。お母さんは体調が思わしくありませんが、保険料の未払いもあり通院していません。SVが生活保護の話を向けると、お父さんは「自分は仕事をしているし、高齢者や障害者ではないから」と言います。

その後いろいろと生活保護の説明をします。お父さんの話し方は丁寧ですが、「福祉は受けない」と強く言い、昨年お母さんが福祉事務所に相談に行ったことも「怒った」と言います。

SVが家賃や通院の話をし、それとなく子どものことに話題を移します。お父さんは困った顔をしますが「何とかする」と言い張ります。遅い時間になったので、「よく考えて連絡してください」と話して家庭訪問は終わりました。

この世帯をあなたはどうしますか。申請がないので放っておきますか。

要保護者の発見と申請の援助

厚生省（現厚生労働省）は、申請主義と要保護者の発見の問題についてはかなり意識していたようです。法制定直後の事務次官通知では「保護は申請に基づいて開始することの建前を明らかにしたのであるが、これは決して保護の実施機関を受動的、消極的な立場に置くものではないから、保護の実施に関与する者は、常にその区域内に居住する者の生活状態に細心の注意を払い、急迫の事情のあると否とにかかわらず、保護の漏れることのないようこれが取扱については特に遺憾のないよう配慮すること」[※4]としています。

解説書[※5]でも「援護は本人、扶養義務者、又は同居の親族の申請によって開始されるのであるが、地区担当員（筆者注＝CWのことです）は自己の担当区域内の実情を十分に把握していて、援護漏れのないようにその発見に努めなくてはならない」と述べ、その方法として民生委員と緊密に連絡を取って発見の協力を求めることや、職業安定所、児童相談所など各種関係機関と密接に連絡をとること、担当ケースを訪問する際にも可能な限り近隣における要援護者の情報を得るように努めること等を示しています。

その後も「保護の実施の適正を期する上からいって、急迫した状況の有無にかかわらず、保護の衝にあたる保護の実施機関、社会福祉主事、町村長、民生委員等は、常に住民の生活状況に注意し、要保護者を発見した場合には、すみやかに保護の申請の手続きをとらせるように指導し、生活の困窮から生じる不測の事態を未然に防止するように努めるべきである」[※6]とも述べています。

このように、要保護者の発見の重要性は強調され、そのうえで保護申請を行わせることが必要とされています。申請主義は、法律上も申請がないと保護ができないわけではありませんし、場合によっては職権保護もできます。しかし、武田さんのように保護を拒む場合はその支援が難しくなるのです。

※4 厚生事務次官通知「生活保護法の施行に関する件（昭和二五年五月二〇日発社第四六号）

※5 厚生省社会局庶務課編『福祉事務所運営指針』（全国社会福祉協議会連合会一九五三年）二一七～二一八頁。

※6 厚生省社会局庶務課監修『新福祉事務所運営指針』（全国社会福祉協議会一九七一年）一三六頁

知られていない生活保護制度と情報の重要性

生活保護は「受給したい人」を対象に設計されています。ですから職権保護では、急迫性があり「申請できない」「申請困難」な人を想定しているのではないでしょうか。そのため保護を「拒む人」に対しては、CWは対応に困ってしまうのです。

武田さんは子どもの食事にまで困窮しているのに、なぜ保護を拒むのでしょうか。

多くの人たちは生活保護のことを詳しく知りません。しかし、心ない生活保護バッシングや、インターネットなどでの悪意ある情報、誤った情報などにより、生活保護を誤解し保護から遠ざかる人もいると思います。行政からの正確な情報の発信がもっと必要なのかもしれません。

筆者の経験で、生活保護受給を強く拒む人がいました。紆余曲折を経て保護開始になり、しばらくたってから感想を聞いてみたところ、「保護受給して助かった」の後に遠慮がちに「CWって怖くないいんですね」と言われました。CWがどのように思われているのかあらためて考えてしまいました。

＊私の場合

支援者からの連絡で相談に赴きましたが、「保護は絶対に嫌だ」と言い張る人がいました。要保護性が高く、保護をしないとさまざまな問題が生じる人です。そこで、支援者に来てもらい強く説得してもらいました（CWではちょっと言えないな、ということも含めてかなり厳しいことを言っていました）。以降、支援者（や議員さん）などが関わる場合には、課題が生じたときに「応援」をお願いすることとしました。

支援者を「申請時だけの関係」ではなく「社会資源のひとつ」と考えるのもよいかもしれません。

winter
その7

人間関係と人の可変性

CWと被保護者の相性

一年がたつのは早いものですね。

年の瀬になると、早く冬休みが来ないかと待ちわびている方もいるかと思います。被保護者の方も落ち着いて年末年始を過ごしていただければよいのですが、なかには役所の警備室に「保護費を受け取り忘れた」「落とした」「急用がある」等の連絡があったりすると、せっかくの冬休み気分が台無しになってしまいます*。

このような連絡が来る被保護者は、ケースワーカー（以下「CW」）と人間関係がうまくいっていない場合が多いように感じるのは偶然でしょうか。この「うまくいっていない」というのは相性の問題とも思えます。しかし、CWと被保護者の関係は個人的な人間関係ではありませんし、生活保護制度を媒介とした関係ですから、相性の問題として片づけられませんし、「うまくいかない」関係はケースワークの問題としてさまざまな支障が生じることになります。

このようなことがなぜ生じるのかについては、被保護者の問題として考えるだけでなく、CWの態度も振りかえる必要があるのかもしれません。

CWの態度の「あり方」

生活保護法成立直後から厚生省（現厚生労働省）はこのことについて問題意識をもっていたようです。解説書ではCWの態度で反省すべきものとして次の十九項目挙げています※1。

一、母親型（要援護者を子ども同様に考え、母親のような態度をとる型）

二、助言型（求められない助言を与えようとする型）

三、権力者（権力者的態度をとる型）
四、形式一点張り冷淡型（職務の取り扱いは全く能率的にてきぱき処理するが少しの友情や心の温かさが感じられない型）
五、フザケ型
六、ゴシップ型（被援護者とその隣人或いは他の援護者や以前担当のワーカー等についてお喋りする型）
七、裁判官型（被援護者の生活態度等を裁判官の如くどかっと座って処理する型）
八、愛情型（要援護者に対して個人的な愛情の型）
九、要求型（要援護者に対して何事によらず要求する型）
十、楽観的型（大丈夫ですと言って何事も簡単に引き受けとどのつまりは相手を失望させてしまう型）
十一、感謝されたいと望む型
十二、法律一点張り型（法律と政策にしがみついて、自分の護身策として法律規則を用いる型）
十三、感情型（要援護者と自分を餘りに同一視し過ぎる型）
十四、依存型（ケースワーカーの身分と地位を護るために要援護者を利用する型）
十五、重荷を告白する型（ケースワーカー自身の悩み苦しみを打ち明けて自分を弁解する型）
十六、精神医学的型（何でも精神分析によって解決しようとする型）
十七、私事をほじくりたがる型
十八、やかましや型
十九、押売り型

かなり砕けた書きぶりで、行政の文書としての表現もどうかと思いますが、当時はこのような説明を厚生省がしなければならない状態だったのかもしれません。ただ、現在でも該当する項目はあるのではないでしょうか。

ちなみに望ましい型としては次の四つを挙げています。

一、感情や偏見を制御できる型
二、人格の尊厳を認め得る型
三、きりっとした事務的態度で要援護者と一緒に働き得る型
四、被保護者の質問に対しては何時でも答え得る心構え、私生活には干渉しない型

これらについてはその通りとは思いますが、反

省する型と比べて今ひとつ抽象的なのは、望ましい型の具体化が難しかったためかもしれません。

その後の厚生省の解説書では、[※2] 法の目的である自立助長を「援助を求めている被保護者の精神的な側面にも関心を払いその安定に貢献するような配慮をもって取扱うことが重要である」と述べたうえで「長く困窮状態に陥ると、ともすれば敗北感から無気力になり、困難に立ち向かう努力を失い他者へ依存する傾向を生みがちである」が、「人間の価値と可能性に信頼を置き要保護者の人格的成長を促進する機会と状態を育みその者を精神的にも自立させるような指導、援助を行うことが制度の目的に沿うことなのである」としています。

そこで、CWは要保護者から持ち込まれてくる感情や欲求の問題を不可避的に取り扱わざるを得ない立場に立つことが多いので、「生活保護行政に携わる者は人間行動の感情的側面にも常に関心をもち、それを理解する態度を身につけていなければならない」と述べて、配慮すべき原則的考え方として六点あげています。

(1)被保護者の人としての尊厳と個別性を認識し、人としてもつ共通のニードに慎重に配慮するとともに、その個別的事情またはニードを的確に把握し、自立意欲を損なうことのないよう、その個別性に即した適切な援助を行うようつとめること。

(2)被保護者が自らの意思と能力に基づいて計画や行動を決定するように導くことにつとめ、現業員（CWのことです＝筆者注）の個人的な価値判断基準等を相手に押しつけたり、不当に相手の人格または権利を損なうことのないよう心がけること。

(3)被保護者の立場や心理をよく理解して、その感情や行動を冷静に受け容れるとともに、いかなる事態においても客観的態度で公正に取り扱うようつとめること。

(4)適切な処遇を行っているかどうかについて常に反省するとともに正しい知識、技能の研鑽につとめること。

(5)組織の成員としての自覚に立って被保護者との信頼関係の醸成につとめ福祉事務所の機能と役割または保護の要件、被保護者の義務等についてよく理解させ、被保護者が自主的に責任を果たすように指導すること。

(6)必要な指導指示は厳正に行うべきであるが、それを行うにあたっては、予想される局面を十分見通したうえで慎重な計画と手順のもとに行い、その経過および結果を確認し検討すること。

さすがにこの時期になると文章も役所らしいものになり（目線は高いように思いますが）、CWへの要求は高いものの、その趣旨は妥当と思われます。このように被保護者との人間関係をCWとしてどのようにつくるのかは大きな課題であったのです。

※1　厚生省社会局庶務課編『福祉事務所運営指針』（全国社会福祉協議会連合会一九五三年）二二三〜二二五頁

※2　厚生省社会局庶務課監修『新福祉事務所運営指針』（全国社会福祉協議会一九七一年）一五六〜一五七頁

事例　誰にでもけんか腰になる松原さんの場合

六十代半ばの松原さんは単身で保護受給しています。

松原さんは高卒後努力して一時は人を雇って会社経営をし、子どもにも恵まれ、一戸建のマイホームで羽振りのよい生活をしていたそうです。しかし、経営が思わしくなくなり倒産した頃にはマイホームも手放し、妻子は去りました。松原さんなりにがんばったそうですが、その後もうまくいかずホームレス状態にまでなってしまいました。

その頃に、支援者に付き添われて生活保護申請に来たのですが、来所時からかなり横柄な態度だったらしく、支援者が注意すると逆に怒鳴りつけたりして大変だったそうです。アパート生活に移行する際もCWや支援者を振り回して困らせました。その後も来所時に無理な要求を繰り返して大声をあげるなど、福祉事務所内ではちょっとした有名人です。

担当となったあなたは少し気が重かったのですが初回の家庭訪問をします。

松原さんは木造アパートに住んでいました。緊張しながらドアをノックし声をかけます。ドアが開いたので担当員変更の挨拶をして、最近の状況を聞きます。

松原さんは「特に変わったことはない」などと言い、「来たくなかったのにご苦労だね」などと言います（あなたは「そうだよ」と思います）。また、「公務員は仕事をしない」とか「税金泥棒」だとか言い、世話になった支援者や前担当CWの悪口を言います。あなたにも「イヤイヤ仕事をしているのだろう」などと言い出したので、適当なところで切り上げました。

帰庁後、査察指導員（以下「SV」）に報告するとともについグチってしまいます。SVはご苦労さんといいながら「松原さんは苦労しすぎたので性格がちょっとね」「家庭訪問の回数は最低でいいから」「所内面接の際はつき合うからね」と言ってくれました。

松原さんはたいした用もないのに時々来所します。大声を上げることはありませんが、あなたに対して小馬鹿にした物言いをします。相変わらず、福祉事務所や支援者の悪口、ほかの被保護者や病院の悪口を繰り返します。あなたは、よくまあこれだけ悪口や嫌味を言えるものだと感心します。

SVの言うように松原さんの厳しい経歴から、人間不信とか寂しさとか、保護受給に対する抵抗などがあるのだろうとは思いますが、いい加減顔を見るのもつらくなってきました。

松原さんとはどのように関係性を築くとよいのでしょうか。

生きるために心を閉ざす場合

被保護者は経済的に困窮した人たちですが、好んで生活困窮状態になった人はいないと思います。保護受給になるまでに貧困状態のなかでさまざまな苦しみや嫌な思い、悲しい経験をしている人たちも少なくありません。場合によっては、そのような環境に幼少期から長期間置かれた人もいるかもしれません。

あるいは、松原さんのようにだまされたり裏切られたりの連続で、人間不信に陥る人もいると思います。また、行政の対応の拙さから攻撃的になる人もいるように思います。

筆者の経験で、ホームレスの人が相談に来ましたが大声をあげて凄《すご》んでいます。暴力をふるうようならば一一〇番通報することにして、まずは本人の話を聞きます。最初は凄んでいましたが「そんな言い方しないでも保護するから」「どうしたいの」などと話をして、保護になり施設入所となりました。後日、落ち着いてから事情を聴くと、これまで数か所の福祉事務所で追い返され、なかには食料品を投げつけて「帰れ」といった福祉事務所もあったそうです。この人は生きるために必死だったのでした。

人の可変性

貧困は厳しいものですから、傷ついた人の心が簡単に癒されるものではありません。特に現在のようにCWがオーバーワークのため、被保護者と時間をかけて関係性をつくる余裕がない状況では、CWがたまに何か言えば心を開いてくれるほど甘いものではないと思います。

しかし、人間は可変的なものです。生まれつき「嫌な人」がいないように「嫌な人」はつくられます。このことは「嫌な人」も変わるということでもあります。自立助長が法の目的なのは、このような可能性を認めたからだと思います。

ただ、変化のきっかけはCWを含めた外部からの働きかけなのか、何かその人が感じることによるものなのか、あるいはそれらの時間をかけた積み重ねや化学反応なのかもしれません。また、『クリスマスキャロル』のスクルージのように変化の理由は他人にはわからない（場合によっては本人もわからない）ものかもしれません。

しかし、CWはこのような場面に関わることのできる仕事をしているのではないでしょうか。

＊私の場合

筆者の経験では年末年始の休暇中にはほぼ毎年何らかの連絡が来ました。場合によっては他課の職員から対応を相談されることもあります。当初はとまどいましたが、年末もお正月もない生活困窮者や、その相談にのっている人もいることがわかり可能な限り対応をしました。

筆者自身は割り切ることで気持ちを整理しましたが、役所を辞めた最初の年末に、家族から「もう電話はかかってこないんだね」と言われたときに、家族にも負担をかけていたことを感じました。

winter
その8

地域との関係

住民からのクレーム

新しい年、ケースワーカー（以下「ＣＷ」）の方は、仕事始めではどのようなことをしましたか。新規申請の面接ですか？　お休み中に亡くなった方の火葬の日程調整や葬祭扶助の対処ですか？*　新年早々、地域住民の方からのクレームもあったかもしれません。

特定の被保護者についてのクレームが続くと嫌になってしまいますが、クレームは被保護者の課題や、場合によっては地域の人たちの生活保護制度の理解等が現れたものとも考えられますから、割切りも必要かもしれません（現実問題として「クレーム来るな」と思ってもなくなるわけではありません）。

福祉事務所を超えて問題とされるクレームは、場合によってはＣＷの仕事の大変さを役所の内外にアピールするよい機会になることもあります。また、地域住民からのクレームは、被保護者の課題を支援する生活保護行政では、地域との関係をどのようにみていくのか、ということになるのかもしれません。

非経済的問題の支援の難しさ

被保護者の課題等については、「経済的問題」と「非経済的問題」があります。前者であれば、扶助費の支給の可否や収入認定の問題等が多いので、実施要領に沿った対応で手続きを進めることができます。しかし、非経済的問題は扶助費の給付だけでは解決できないことが多く、また複雑で難しい課題が多い場合があるように思われます。しかも、これらの問題は放置することもできない場合が多く、ＣＷの悩みのタネでもありストレス

の原因でもあります。

この問題については厚生省（現厚生労働省）も以前より問題意識があったようで、非経済的問題である生活指導を必要とするケースの比率は年々増加をしていると述べ、次のように解説しています。[※1]

これらのケースは社会や近親者からの孤絶による孤独感、劣等感や疎外感からくる生き甲斐喪失や偏執、過去の生活習慣や性格から遊興、浪費、不定着等に陥入り易く、これらの点を放置して経済給付を繰り返すのみでは保護本来の目的は達せられないので、訪問面接による対話の継続、社会活動への参加指導、人間関係の調整、生活設計の指導等経済的側面からのサービスのみでは解決できない面を問題とせざるを得ないのである。

このような非経済的側面の取扱いを適切に、かつ、充実して行うことが、社会的弱者に対する真の意味での自立助長サービスであり、実施の段階での慎重な配慮が望まれるのであるが、実施方法や実施体制についても他法による福祉サービスの充実と相まって検討されなければならない課題も多い。そこで被保護者の非経済的問題を取り扱うにあたっては、当面次の点に留意する必要がある。

(1) 相手の持つ問題状況を的確に把握するとともに、その問題について相手が援助を求めているのかどうかその意思を確認し、相手が望まない事柄については深く立入るべきではないこと。
この場合、相手が無知等のため対人接触や援助を拒否していることもあるので、その心理をよく理解するとともに提供できるサービスの内容をよく説明したうえで相手の真のニードを把握する必要があること。

(2) この種の問題には専門家の判断や他法、他施策による措置等社会資源の活用をはかる必要のある面が多いので、社会資源の活用または、その問題を取り扱う専門的機関との連携を積極的に行なうこと。

(3) この種の問題を持つケースの取扱いにあたっては、指導上かなりの時間的余裕を見込む必要があるので、特定のケースの特殊な問題に深入りして他のケースとの間に処遇上の均衡を失わないよう、担当ケース全体のバランスを考慮しながら処遇にあたること。

(4)　心的欠陥の濃厚なケースについては、経験の豊かな現業員（CWのことです＝筆者注）をその取扱いにあたらせ、または常に査察指導員の十分な指導のもとで取扱いにあたる等実施体制に配慮するとともに、面接技術をはじめ、ケースワーカーの知識、技能を深めるよう現業員の教育訓練につとめること。

(5)　習性的な怠惰もしくは虚偽の申告を行う者については、そのような心理状態を冷静に受け容れながらも法のたてまえを相手によく理解させるように努め生活の維持向上その他保護の目的達成に必要な指導指示を行わなければならない。

現在からみると被保護者への目線が高いように思いますが、その趣旨は妥当と思われます。ただ、厚生省も苦労していたようで文章としては整理されているものの、対応方法が抽象的であり、実際にうまくいくのか疑問は残ります。

また(3)に記載されている、支援に時間がかかることが多いので深入りを避けることなどと述べているのは、「正直」とは思いますがいかがでしょうか。生活上の課題を解決するための支援の位置づけが当時は未整理だったのかもしれません。

※1　厚生省社会局庶務課監修『新福祉事務所運営指針』（全国社会福祉協議会一九七一年）一七二～一七三頁

事例　近隣からクレームがくる「ゴミ屋敷」の斉藤さん

六十代前半の斉藤さんは、単身で保護を受けています。斉藤さんは親から相続した木造の自家・自地に居住していますが、資産性は低く保有容認とされています。

親の代からこの地域に住んでいましたが、周辺地域がマンションや駐車場などに変わり、斉藤さんの古くからの知り合いは現在ほとんどいません。

保護開始当初は特に問題などはなかったようですが、数年前に通院のことで病院やCWとトラブルがあってからは通院を止めてしまい、以後はCWの話を聞いてくれなくなっています。その頃から古い段ボールや廃棄された家具などを持ち帰るようになり、現在は「ゴミ屋敷」状態となっています。

これまでもCWが改善を求めましたが、相手にされず現在では家庭訪問をしても家には入れてくれなくなりました。民生委員も「昔はあんな人ではなかったけれど」と言って困っているそうです。

あなたが担当になった引き継ぎの際に、前任CWからは「何を言ってもダメで強く言うと黙り込んでしまう。ゴミを何とかしたいが、言うことをきかないし困っている」といわれました。査察指導員（以下「SV」）からは「問題の多い人だが信頼関係をもってからでないと支援は難しいので、関係をもてるようにときどき訪問して様子を見てね」と言われました。

あなたも担当になってから何回か家庭訪問をしました。斉藤さんとは入口のドアのところで話をします。室内に入りたい旨を伝えても「狭いから」と入れてはくれませんが、機嫌が良い時には会話には応じてくれます。部屋の清掃に話を向けると「自分でやるから」と言います。通院を勧めても「具合が悪くなったら行くから」と言いますが通院していません。十分ほど話すと「疲れた」と言ってドアを閉められてしまいます。

入口から見える室内の様子は、膨らんでいるコンビニ袋や段ボールが山積みになっており異臭もします。

福祉事務所には近隣の人たちから、斉藤さん宅がゴキブリやネズミの発生源となり迷惑をしている、また家屋が老朽化しており漏電やゴミへの引火の心配もあるので、早急に何とかしてほしいと数年前から何回も言われているようです。

担当が変わった直後から、あなたにも「生活保護を受給しているのだからきちんと指導してほしい」「近隣の迷惑も考えてほしい」「福祉事務所はまじめに仕事をしていないのではないか」などのキレ気味の電話が何回もかかっています。あなたは「こちらもやりたいのはヤマヤマだよ」と心のなかで思いながらクレームが終わるまで聞いています。

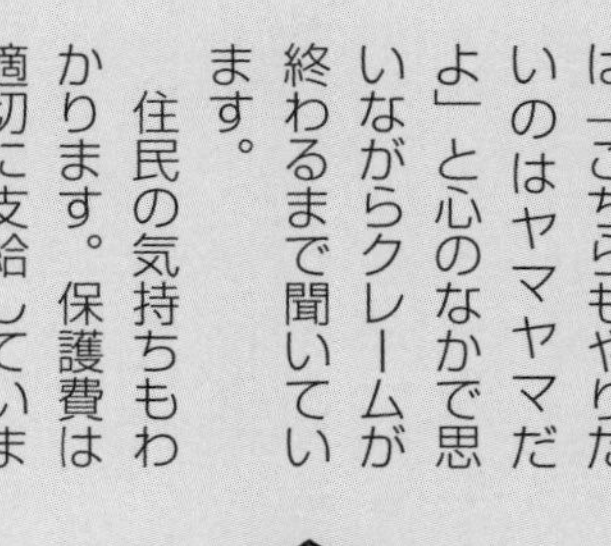

住民の気持ちもわかります。保護費は適切に支給していま

すが、住民に言われるまでもなく斉藤さんの現状がよいとは思えません。しかし、斉藤さんがゴミの処分や整理について簡単に納得してくれるとも思えません。
クレーム電話の回数は増加し、週に何回も掛かるようになりました。
どうすればよいでしょうか。

被保護者でなければ誰が支援をするのか

斉藤さんのような「ゴミ屋敷」に限らず、近隣とのトラブルが生じる被保護者の生活上の課題について、CWは対応に困っていると思います。一方で、地域住民が心配や不安をもち、福祉事務所にクレームを入れることもやむを得ないと思われます。

ただ、福祉事務所としては被保護者か否かを含めて個人情報を答えるわけにはいきませんから、歯切れの悪い対応になってしまい、住民からは「いつもあいまいな返事しかしない」「逃げてばかりいる」と不信感をもたれたり、場合によっては「火に油」状態となることもあります。

それでは、これらの生活上の課題をもつ人が被保護者でない場合はどうなのでしょうか。福祉事務所としては「被保護者ではないので知りません」と答えることはできますが、住民の心配は（課題自体も）解決しません。

つまり、これらの問題は生活保護に特有の問題ではないのです。「ゴミ屋敷」などの問題も生活保護を受給していない場合が多くありますし、野良猫やハトに餌をやり近隣とトラブルを起こす問題も保護受給しているか否かの問題ではないのです。これらについては生活保護か否かに関わらず、自治体として対応を行う問題（担当課と解決方法の明確化）ですが、自治体が条例を作れば直ちに解決できるほど容易な問題ではないように思います（条例作りも大変です）。

たまたまCWが担当している被保護者にこのような課題が生じていた時に、対応するセクションがないためCWが対応を求められ、支援困難事例となっているのです。このような構造のなかにCWであるあなたは置かれているのですから対応に苦慮するのは当たり前なのです。

生活保護行政の動きやすさ

生活保護特有とはいえない生活課題のタライ回しはうまくありませんが、何でもCWに投げられるのもたまりません。しかし、CWが役所内の他課より有利なことがあります。被保護世帯であればCWは家庭訪問ができることです。斉藤さんの事例でSVが言うように、家庭訪問などで信頼関係を築く作業を繰り返すことが可能な立場なのです（ただし、信頼関係ができるかどうかはわかりません）。

筆者の経験ですが、「ゴミ屋敷」に住む被保護者で当初は室内に入れてくれずとりつくシマもありませんでした。しかし、他の世帯の家庭訪問の際に顔を出して挨拶することを繰り返していたところ、ある時突然家に入れてもらえることになりました（室内は思った以上にひどい状況で入る時ビビリました）。

ここまで一年以上かかりましたが、近隣からのクレームはSVが引き受け対応をしてくれていました。しかし、なぜ室内に入れてくれたのか、その理由はいまだにわかりません。

＊私の場合

筆者の経験では、新年早々の生活保護申請はあまりないように感じました。生活困窮の方は年末に来所して申請する場合が多いのかもしれません。むしろ、年末段階で容態の悪い方について、万一に備えご家族や病院と葬祭扶助の打ち合わせをすることで（これをしておくとご家族も安心ですし、CWが冬休み中に呼ばれることは少ないです）、年明け早々は死亡や葬祭扶助の連絡が多かったように思います。

CWになった当初は新年初仕事が被保護者の死亡がらみで少し驚きましたが慣れるものですね。これらの電話を受けたり事務処理をしながら、年末年始に働く人たちで人の生活は支えられていることを感じたりしました。

winter その9

「効果的な支援」とは

即、対応が必要なとき

二月、一年のなかでもこの時期は特に慌ただしく感じられます。二月から三月にかけて新年度の基準や実施要領の改正が示されますし、年度内に終わらせたい事務処理等も気になります。そろそろ四月の異動が気になる方もいるのではないでしょうか。

また、寒い時期ですので被保護者もケースワーカー（以下、ＣＷ）も体調を崩しがちです（春まであと少しですよ）。

この寒さのなかで文字通り「命がけ」なのは、ホームレスの人たちではないでしょうか。ホームレス状態とはまさに「生存」がかかっていることが多く、福祉事務所への来所は単なる相談ではなく、「具体的な支援を求めている」ことがほとんどだと思います。

ホームレス状態の人に対する生活保護の適用について、厚生労働省は「**ホームレスに対する生活保護の適用にあたっては、居住地がないことや稼働能力があることのみをもって保護の要件に欠けるものでないことに留意し、生活保護を適正に実施する**」ことと通知[※1]しており、「生活保護法施行事務監査事項」でも、同様の項目が着眼点として監査対象とされています。[※2]

ホームレスの人に「居住地」がないことを理由に生活保護を受けさせないことは非常識ですし、違法な対応だと思いますが、厚生労働省がこのように通知や監査項目としているのは、ホームレスを保護しない運用を行っている福祉事務所があったからかもしれません。

ホームレスの人への支援は、生活保護法によるものか他法他施策によるのかは別にして、ＣＷとしてはすぐに対応することが求められています。

来所したホームレスの人に対してCWは、本人の希望や意向を聞き、今後の支援方針を話し合いますが、まずは今晩泊まれる場所を確保しなくてはなりません。

　しかし、法内であれ、法外であれその日に泊まることのできる宿泊場所（保護施設や宿泊所、旅館等）がないときがあります。施設等に電話をしたり、関係する機関や団体に連絡しても今晩宿泊できるところが見つからない場合、ホームレスの人も不安になりますが、CWも追いつめられていきます。

　夕方になり、寒空の下みぞれが降りだしました……。

ホームレス支援の基本方針

　平成十四年にホームレスの自立の支援等に関する特別措置法が施行されました。その後、厚生労働省と国土交通省は「ホームレスの自立支援に関する基本方針」（以下「基本方針」）を示しています[※3]。そこでは、「**基本的人権の尊重は、日本国憲法の柱であり、民主主義国家の基本でもある**」と人権尊重の重要性を説き、ホームレス等の人権擁護について述べています。

　基本方針ではホームレスの現状について、ホームレスは減少傾向にあるものの六十五歳以上の人が増加し高齢化が一層進んでいると指摘しています。また路上（野宿）期間は六十歳以上の高齢層が長期化しており、十年以上の人が約三分の一となっています。さらに路上（野宿）生活期間が長くなるほど「今のままでいい」と回答した人の傾向が高くなるそうです。その理由として、六十五歳以上の約五四％の人が収入のある仕事をしていることから、高齢者ほど路上（野宿）生活が長期化する傾向は、路上等で仕事をし、生活が一定程度安定していること等もその背景にあると考えられると分析をしています。

　しかし、本当にホームレスの人たちは路上（野宿）生活でよいと思っているのでしょうか。満足しているのでしょうか＊。

　また、「健康状態が悪い」と答えた人が二七％いましたが、そのうち六一％の人が治療等を受けていないとのことです。適切な治療が受けられないことで病状がより悪化するのではないでしょうか。

うつ病などの精神疾患を有すると考えられる層も一定程度見られるそうです。この点に関しては、「路上（野宿）生活により健康状態が悪化しているケースが多く、身体面はもちろん、精神面においても対応が必要な場合がある。このため、健康相談として身体面のケアだけでなく、特にホームレスに対する心のケアについても精神保健福祉センターや保健所等と連携して行う」と関連機関の連携の必要性が指摘されています。

※１「ホームレスに対する生活保護の適用について」平成十五年七月三十一日　社会・援護局保護課長通知

※２『生活保護手帳二〇一七年度版』（中央法規出版　二〇一七年）七三九頁

※３「ホームレスの自立の支援等に関する基本方針」平成三十年七月三十一日　厚生労働省・国土交通省告示第一号

事例　保護を拒むホームレス状態の永倉さん

永倉さんは六十歳を超えているホームレスの女性です。夏頃から駅前公園のベンチに座り込んでいることが多く、心配した近隣の人から役所に通報があり、いくつかの課を経てＣＷのあなたが対応することになりました。

あなたは査察指導員（以下「ＳＶ」）に同行してもらい公園を訪れて話を聞きますが、「大丈夫ですから」と繰り返すばかりで、保護受給の話し合いを拒みます。食事等について民生委員や商店会長などにたずねると、心配する近所の人たちや通行人が食品やお金を渡しているようでした。

調べてみると身寄りがなくほかの福祉事務所で保護受給していたようですが、大家さんとのトラブルのためアパートを引き払い、ホームレス状態であなたの管内に来たようです。以前の福祉事務所に連絡すると、大家さんだけでなく近隣住民や役所でもトラブルを繰り返しており、当時のＣＷも困っていたそうです。また、妄想があるかもしれないが受診歴がないので病状等はわからないとのことです。そして「行方不明で保護廃止にしたので、あとはよろしく」と言われました。

その後も公園に行き話しますが、施設や生活保護の話をすると怒りだします。福祉事務所内で検討した結果、放っておくことはできないとの結論になり、保護になるまで法外援護の金品をとりあえず支給することになりました。

法外金品をCWのあなたが届けます（SVも同行してくれます）。永倉さんとは少し話ができるようになり、機嫌が良いときは受け取ってくれます。少しは信頼してくれているのかなと思いますが、受診や保護受給の話をすると不機嫌になり大声を出したり、法外の金品を投げつけます。

役所の他課や関係機関に相談や連絡をしてもホームレスは所管外とか、自傷他害の恐れが不明とか、生存権を守るのは福祉事務所の仕事などと言われ一緒に対応しようとはしてくれません。

夏に始まった永倉さんとの関係も秋を越え、冬を迎えました。暑い時期にも永倉さんは体調を崩さなかったようですが、寒さが厳しくなるなか、早く対応をしないと命にかかわります。昨日もSVと共に公園に行き、自販機の温かい缶スープを飲んでもらいながら永倉さんを説得しましたが、受診も施設入所も保護受給も拒まれました。「永倉さん、早く暖かなところで休んでよ」とCWのあなたの声が大きくなるのをSVが制止します。

一方で役所には住民から「いつまで放っておくのか」「かわいそうじゃないか」などの電話が増えてきました。住民から言われなくとも、永倉さんを早く保護しないと危ないことはCWのあなたがいちばんよくわかっています。

お金も渡しますが、永倉さんの外見から泊めてくれるホテルや入店させてくれる飲食店などはないようです。係内では「身体を押さえつけてでも病院や施設に連れていこう」などの意見も出ますが、それで解決するのでしょうか。

SVは「とにかく納得してもらうまで一緒にがんばろう」と言ってくれますが、いつまで続くのでしょうか。今月に入り新規の保護申請が三件も来てますし、事務処理も溜まっています。

どうすればよいでしょうか。

「効果的な支援」とは

　急迫状況のホームレスに対しては、申請がなくとも保護すべきものであると厚生労働省は通知[※4]していますが、永倉さんのような場合については職権保護の手続きをしても解決はしないように思います。これは手続きの問題ではないからです。

　基本方針では、ホームレスの抱える問題を十分把握し、身体面のケアだけではなく心のケアを関係機関と連携して行うことが述べられており、必要なことだと思います。また「ホームレスの個人的要因を十分に把握しながら、ホームレスの状況や年齢に応じ」て効果的な支援を実施する必要がある、とも述べられています。生活困窮者自立支援制度でも、自治体内外での連携体制の構築や障害の可能性のある人については障害保健福祉施策に適切につなぐことが重要とされています[※5]。

　その通りだと思いますが、これらが述べる「適切な保護」や「効果的な支援」をどのように行うのかでＣＷは悩んでいるのではないでしょうか。

　要保護者が「保護してほしいが△△施設への入所は嫌だ」という場合は、要保護者の「保護してほしい」とＣＷの「保護する」という方向では大筋一致していますので、要保護者の希望とＣＷ（福祉事務所）の方針とのすり合わせになります。

　しかし、要保護者の考え（永倉さんの場合は「放っておいてほしい」）とＣＷの考え（保護が必要）が真っ向から異なる場合に、問題が生じやすいのです。この場合、ＣＷが方針を振りかえることは必要ですが、要保護者の考えが不合理な場合や、そもそも要保護者が「（切迫した問題として）考えていない」とき、「（いろいろ問題がありすぎて）考えることができない」場合もあるのではないでしょうか。

　このようなとき、要保護者の希望通りにすることが妥当な場合もあるかもしれませんが、永倉さんの場合にそのような判断は妥当なのでしょうか。

※4　「ホームレスに対する生活保護の適用について」平成十五年七月三十一日　社会・援護局保護課長通知

※5　「生活困窮者自立支援制度と障害保健福祉施策との関係について」平成二十七年三月二十七日　厚生労働省社会・援護局地域福祉・障害保健福祉部企画・障害福祉・精神・障害保健課長連名通知

ホームレスに至る要因

基本方針では「ホームレスになった要因としては、倒産・失業等の仕事に起因するものや、病気やけが、人間関係、家庭内の問題等様々なものが複合的に重なり合っており、また、年齢層によってもその傾向は異なっている」と指摘しています。

筆者の経験ですが、福祉事務所も含め公的機関に対する不信感が強いホームレスの人を保護したときのことです。最初は自分の名前も教えてくれないほどかたくなな態度でした。落ち着いてからホームレス状態に至った経緯を詳しく聞くと、アパート生活をしていましたが、会社から解雇されてしまい再就職できないまま家賃も払えなくなりホームレスに至ったということでした。

その後もそのような人が何人もいましたが、アパート生活でも就労ができないのに、ホームレス状態ではもっと難しいと思います。相談先がわからないまま状況がさらに悪化したのです。

居宅生活をしている時からホームレスを生まない対応の必要性を感じました。

＊私の場合

筆者が、河川敷や公園で生活するホームレスの人に保護を勧めていたときのことですが、現状のままでよいという人もかなりいました。

その理由として「酒が好きなので施設入所しても迷惑をかけるから」という人もいましたが、「イヌやネコを飼っているから」という人が何人もおり、何匹も（なかにはニワトリも）飼っている人もいました。飼うことになった経過をたずねると、イヌ、ネコ等は捨てられていたらしく「かわいそうでいまさら捨てられないしね」などと言われました。

ホームレスの人たちの支援には、身体的・精神的な問題とは別にこのような課題があることを学びました。

spring
その10

家庭訪問と訪問格付

訪問目的

本年度も終わりに近づくと異動の内示がある頃です。

異動される方はもちろんですが、来年度ケースワーカー（以下「CW」）を続けられる方も、年度内に記録や事務処理を終えたいものですね。また、家庭訪問も気になります。この一年間を振り返って予定通りの家庭訪問はできましたか？ 訪問記録は書けましたか？

厚生労働省は訪問調査の目的を「**要保護者の生活状況等を把握し、援助方針に反映させることや、これに基づく自立を助長するための指導を行うこと**」とか、「**①生活状況の把握、②保護の要否及び程度の確認、③自立助長のための助言指導**」などとしています。※1

そこでは、計画的な訪問が必要なことから「**訪問の実施にあたっては、訪問時の訪問調査目的を明確にし、それを踏まえ、年間訪問計画を策定のうえ行うこと。なお、世帯の状況に変化があると認められる等訪問計画以外に訪問することが必要である場合には、随時に訪問を行うこと。また、訪問計画は被保護者の状況の変化等に応じ見直すこと**」と述べています。

訪問の格付

家庭訪問の回数は「少なくとも一年に二回以上訪問すること」が原則とされ、それを基に訪問計画を立てることになります。また、一定の条件の場合は「一年に一回以上訪問することとして差し支えない」ともしています（「差し支えない」ってちょっと目線高くないですか？）。

訪問計画は訪問格付としてあらわされ、CWは

この訪問格付に沿って家庭訪問をします。訪問格付については、厚生省（現厚生労働省）は生活保護法制定時から考えていたようで当時の解説書[※2]には「調査訪問指導の計画化」の項を設け、「Ａケースは毎月一回、Ｂケースは二か月に一回、Ｃケースは三か月に一回」といった分類を行い、計画的な訪問を行うこととしています。

　一方で、**「注意しなければならないことはこの計画をあくまで実行しようとして調査訪問指導の目的を達せず、その手段の為に目的を忘れることのないようにくれぐれも留意することである」**と述べています。訪問時の面談内容よりも、訪問回数を「稼ぐこと」を目的化することの危険性を指摘しているのだと思います（「よくわかっているな」と思う方もいるのではありませんか[※1]）。

　その後の解説書[※3]では、訪問格付をＡケースは毎月一回以上、Ｂケースは三か月に一回以上、Ｃケースは六か月に一回以上としています。ここでは、Ａケースに格付けするものは稼働能力活用が十分でない者や、日常生活の実態把握などを継続的に行う必要のあるケース、Ｂケースは生活状況に変動が乏しく生活指導を要しないと判断されるケース、Ｃケースは長期の入院・入所者で訪問による調査、指導を要しないケース、などと格付にあたっての被保護世帯の状況を示しています（現在よりかなり大まかな気がしませんか）。

　そのうえで、「訪問目的を完遂」するためには、**「訪問にあたっては、世帯主等ケースの責任ある立場にある者に面接することが重要なのであり、その者が不在であった場合には、その者以外の者に面接したとしても訪問の目的が遂げられないことが通常である」**と述べ、「無駄な訪問」を繰り返すことのないように**「確実にケースの中心者と連絡できる方法とることによって、ケース訪問の目的を遂げる」**ように努めることとしています。

※1　『生活保護手帳二〇一七年度版』（中央法規出版、二〇一七年）三九八頁、四〇〇頁
※2　厚生省社会局庶務課編『福祉事務所運営指針』（全国社会福祉協議会連合会、一九五三年）一三四～一三九頁
※3　厚生省社会局庶務課監修『新福祉事務所運営指針』（全国社会福祉協議会、一九七一年）一四三～一四八頁

事例

なかなか家庭訪問できない母子家庭の沖田さん

沖田さんは小学生の子どもと生活をしている母子世帯です。前夫の借金や暴力などが原因で離婚となりましたが、ようやく生活も落ち着き、現在はフルタイムで働いています。収入申告も毎月給料明細をコピーして郵送してくれます。勤務中の電話は困るとのことですので、CWから用事がある時には携帯の留守電に連絡を入れると翌日には返事が来ます。特に問題はない世帯ということで、訪問格付は年二回の家庭訪問となっています。

あなたが前任CWから引き継いだ際も「これ以上の稼働収入の増収は無理だし、沖田さんは何かあれば電話してくれるのでしばらくは現状維持でいいと思うよ」と言われました。査察指導員（以下「SV」）からも「沖田さんはしっかりしているようで安心だが、何かあったときには相談してもらえるようにね」と言われました。

あなたが、沖田さんのケース記録を読んでいると、ここ何年か家庭訪問の記録が「不在」とされ、翌日電話連絡で近況を知らせてくれていることがわかりました（あなたは、「これって『長期未訪問』になるのかな」と思います）。

さっそく家庭訪問をしてみました。沖田さんの住まいは小さなアパートでした。ベランダには洗濯機が置かれ洗濯物が干してあります。子どもが学校から持ち帰ったらしい鉢植えの花も大切そうに置いてあります。沖田さんの部屋には表札はありませんでしたが、部屋番号から間違いはありません。予想通り不在のため「訪問連絡票」を投函します。

翌日、沖田さんから電話があり、担当員変更の挨拶と連絡方法等の確認をしました。ハキハキした感じの良い方です。特に変わったこともなく、子どもも元気に登校しているそうです。「長期未訪問」が気になったあなたは、沖田さんに「家庭訪問して面談をしたいので日程を調整できませんか」とたずねたところ、「仕事が忙しくて休めません」と言われました。

さらにあなたは「いつ頃になると仕事は落ち着きますか」とたずねます。沖田さんは少しムッとした感じで「小さな会社なので人数が少なく、休暇はなかなか取りにくい。それに子どもが熱を出した時などに無理を言って休むので、それ以外は休みたくないんです」と言います。もう少し粘りたいとは思いましたが、とりあえず電話ではここまでにしました。

　あなたはSVに相談します。SVは「確かに電話だけではわからないこともあるし、相手も会わないと相談しにくいこともあるかもしれないね。本当は家庭訪問して子どもの顔を見たり、落ちついて面談ができるといいのかもしれないけれど」と言い、「ただ、小さな会社だと休みにくいだろうし、沖田さんが居づらくなってもね」と続けます。

　あなたは「監査は大丈夫ですか」と聞きます。横から先輩CWが「監査も大事だけれど、沖田さんと関係がこじれる方が面倒にならないか」と言います。SVからは「沖田さんが無理なく、落ち着いて面談できるにはどうすればよいか少し考えてみてよ」と言われてしまいました（あなたは「おいおい、そう来るのかい」と思います）。

　あなたはどうしますか。

訪問基準の妥当性と訪問時刻

生活保護行政で家庭訪問を行うこと自体は妥当と考えられますが、訪問をどのように行うかについての検討は必要だと思います。

　沖田さんに対する年二回の訪問格付は問題があるとは思われませんが、沖田さんの場合、年二回は必要なのでしょうか。また、日中の訪問が困難な場合、夜間に訪問することはアリでしょうか。小学生の子どものいる家庭の夕食時に家庭訪問を行うことや、沖田さんの気持ちを無視して家庭訪問をしてもどのような話ができるか疑問です。

　この訪問する時間帯の問題について、かつて厚生省は「夜間における訪問調査は、就労の都合等で昼間では行えない等止むを得ない場合を除き行わないのが妥当である。また、母子世帯等の調査に当たっては余計な誤解を招くことのないよう男子現業員（CWのことです＝筆者注）単身による夜間訪問はできるだけ差し控え」ること、「昼間であっても冠婚葬祭等社会通念上調査を行うことが適当ではない時は緊急止むを得ない事情がない限り控えるべきである」と述べています。※4

就労等で会えない場合の夜間訪問を一般化しかねないことは疑問ですが、むしろこのようなことを言わなくてはいけない当時の厚生省も大変だったと思います。

現在は、刑事訴訟法の規定などを示して、原則として夜間の立ち入り調査は行わないようにするのが妥当とされています。[※5]

※4 「相談室」『生活と福祉』一九八三年十二月号
※5 『生活保護手帳別冊問答集二〇一七』（中央法規出版、二〇一七年）四四九頁

家庭訪問の大切さ

これらの家庭訪問の議論は、行政サイドの都合から見たもののように感じます。被保護者にとって家庭訪問のメリットは、面談をするなかで「そういえば……」「福祉事務所に行くまでもないことだけど……」などの質問や相談がしやすい点にあります。また、体調の悪さが気になっていても受診を迷っているようなときに、CWが来ることで相談ができるかもしれません。

被保護者自身は理解していなくとも、家庭訪問時のこうした話から大切な問題がわかったり、新たな展開が生じることはあります。被保護者の多くは生活保護を詳しく知らない場合が多いですから、相談内容や室内の状況（網戸がないとか、窓ガラスが割れているなど）をCWが知ることで、一時扶助等の申請助言もあるかもしれません。

このように家庭訪問は電話などとは異なり、直接会って話すことで被保護者にとってもメリットをもたらす側面があります。つまり、家庭訪問は行政による実態把握（これを「監視」「見回り」とみる被保護者もいると思いますが）と、被保護者のニーズの把握、相談援助の手法だと思います。

しかし､厚生労働省の指導監査の帳票である｢訪問活動の状況」欄の記載では「訪問時不在の件数も含んだ数を計上すること」としています。[※6]不在で会えなかった場合もカウントすることは、被保護者の立場や訪問目的から見ると疑問に感じますが、CWの大変さを配慮して、会えなくても訪問に行ったこと自体を「評価」しているのかもしれません。

また、かつての厚生省の解説では世帯主中心の訪問面談が述べられていましたが、現在では家族

との面談も重要な場合があります。例えば、進学にあたり生活保護制度や各種福祉施策をＣＷからしっかり聞きたい、という中高生ならば福祉事務所に来所してくれるかもしれませんが、そのような子ども（場合によっては親）ばかりではないので、家庭訪問をして中高校生にきちんと制度の説明を行うことが必要な場合などもあるかもしれません。

これらのことは、生活保護の自立を経済的な自立だけではないこととしていることと大きな関係があるのではないでしょうか。つまり、生活保護の自立を経済的自立だけではなく、社会生活自立や日常生活自立を含めて対象とすることで、家庭訪問の重要性がより増してきたのです。

ただ家庭訪問自体は、被保護者の状況やニーズ把握、理解の手法のひとつですから、そのあり方は被保護者やＣＷの状況ごとに工夫があってもよいのかもしれません。

※6　『平成二十九年度版生活保護関係法令通知集』（中央法規出版、二〇一七年）一三六四頁

＊私の場合

担当世帯が多い時には、定期訪問に計画通り行けませんでした。定期訪問以外にも新規申請の調査訪問や、トラブルや急に訪問を求められる場合があるからです（訪問とは別に調査や事務処理も多いのですが）。そこで、すべての居宅ケースの訪問類型を年二回にしてみました。すると被保護者によっては、年四回訪問すれば訪問達成率は二〇〇％ですし、隔月や毎月行くと達成率は……。

しかし、これでは訪問格付が形骸化することと、達成率の数字上の「処理」に過ぎなくなるのでやめました。

訪問頻度や回数だけを問題にすると、かつて厚生省が危惧していたような問題が発生することを身をもって感じました。

spring
その11

担当員変更と被保護者との関係

新年度の準備

新年度になりました。

異動等による担当世帯や担当地域の変更があったケースワーカー（以下「CW」）の方も多いのではないでしょうか。福祉事務所によっては、ケースワーカーの増員による課内のレイアウト変更や、係間の担当地域変更などによる関係書類の移動が行われたところもあるかもしれません（職員の減員でこれを行うのは悲しすぎますが……）。

係内でも担当世帯の変更にともない、CW間の帳票等の受け渡しやその確認が行われているかと思います。慌ただしい時期ですので、書類の紛失やほかかへの紛れ込みにも注意が必要です。

筆者が所属していた福祉事務所で、新年度の職員増の対応として、福祉事務所を挙げて事務机の移動を始めたときのことです。机を動かしていたところ、机と机の間のスキマから保護申請書が発見されました。一瞬その場が固まりましたが、先輩CWの指示で作業を中止し、直ちにその申請について調べ始めました。幸い、すでに決定処理などが終わったもので大事に至りませんでした。たまたま、帳票を閉じる際に落下して机の間に紛れたのかもしれませんが「怖い」と思いました。

昨今、行政資料の扱いや保存が議論になっていますので、慎重の上にも慎重な対応が必要かもしれません。特に受給期間が長期の被保護者の場合は、各帳票と共にさまざまな資料が多量にあります。そのなかには廃棄すべきものと廃棄してはいけない資料が混ざって保管されていることもあるかもしれませんから、注意してくださいね。

ちなみに、生活保護関係文書の保存期間の扱いはその種類により異なります。保存期間の標準については通知により、一年～十年、廃止後五年、

永久保存などの区分がされています。[※1]

※1　「生活保護法関係文書の保存期間について」昭和三十六年九月二十九日社発第七二六号厚生省社会局長（『平成二十九年度版生活保護関係法令通知集』（中央法規出版、二〇一七年）三四二～三四四頁）

担当世帯数

担当世帯や地区の変更にあたっては、各CWが何世帯担当するのかが重要な問題となります。一年間の業務量の基礎となるため「熱く」なるCWもいるかもしれません。査察指導員もこの作成には苦労しているのではないかと思います。

CWが担当する被保護世帯数については社会福祉法第十六条が「所員の定数」として次のように規定しています（福祉事務所やCWについての規定が生活保護法ではなく、社会福祉法というのも制度の沿革の重さを感じさせます）。

第十六条　所員の定数は、条例で定める。ただし、現業を行う所員（CWのことです＝筆者注）の数は、各事務所につき、それぞれ次の各号に掲げる数を標準として定めるものとする。

一　都道府県の設置する事務所にあつては、生活保護法の適用を受ける被保護世帯（以下「被保護世帯」という。）の数が三百九十以下であるときは、六とし、被保護世帯の数が六十五を増すごとに、これに一を加えた数

二　市の設置する事務所にあつては、被保護世帯の数が二百四十以下であるときは、三とし、被保護世帯数が八十を増すごとに、これに一を加えた数

三　町村の設置する事務所にあつては、被保護世帯の数が百六十以下であるときは、二とし、被保護世帯数が八十を増すごとに、これに一を加えた数

これが、CWの担当世帯数が郡部六十五世帯、市部八十世帯と言われるものの根拠となります。社会福祉法の前身の社会福祉事業法では定数として扱われていましたが、現在は条例で定める「標準」に改正されていますから、CWの担当世帯が標準世帯数を大きく超える自治体も生じています。

CWが何世帯を担当することが妥当なのかは、

被保護世帯数だけでなく自治体の広さや立地、歴史や経過などにより異なると思いますので、自治体ごとに決めることは必ずしも不合理ではないように思われます。ただ、CWの担当世帯数は被保護者への最低生活保障や自立助長を十分に行なえる数値であることは必要です。

見方によっては、定数ではなく標準になったことで、自治体はCW配置数の妥当性についての責任がより重くなったのかもしれません。

厚生労働省の「平成二十八年福祉事務所人員体制調査について」[※2]では、配置標準数を郡部六十五対一、市部八十対一として計算すると、生活保護担当現業員（CW）の充足数は郡部一〇三・五％、市部八九・五％とされています。市部ではCWは千九百七十八人の「不足」となりますが、それでも平成二十一年と比べると常勤生活保護CWは四千三百二人増加していますから、被保護世帯の増加の多さに人員対応が追いついていないように思われます。

※2 「情報ズームアップ」『生活と福祉』二〇一七年十一月号。詳しくは総務省「政府統計の総合窓口」ホームページに「平成二十八年福祉事務所人員体制調査」として掲載されています。

事例 CWの変更が納得いかない近藤さんへの対応

CWのあなたが今年度から担当することになった近藤さんは、ひとり暮らしをしている六十歳代後半の女性の方です。

近藤さんは昨年までは清掃のパートをしていましたが、腰痛がひどくなり就労を辞めたことから保護開始となりました。

前担当CWからの引き継ぎでは「時々訪問して話をしていると、近藤さんは働きたい気持ちが強いみたいだが、就労は年齢や病状から無理だと思うよ。むげにやる気を否定するのもどうかと思い、近藤さんには医師と相談するように言ってあるから」また、「物事をハッキリ言う活発な方で、日常の生活面は特に問題はないので、たまに訪問して通院状況や生活面を確認する程度でいいんじゃないか」とのことでした。

あなたは、新年度の慌ただしさの中、ほかの被保護世帯の相談や新規申請の処理もあり、近藤さんの家庭訪問ができたのは数か月たってからでした。

近藤さんは古い鉄筋アパートの二階に住んでいました。急な階段を上がった突き当りの部屋です。郵便受けにはペンで名字が書いてあります。

少し緊張してブザーを鳴らすと近藤さんが出てきました。担当員変更を伝え挨拶をします。室内に上がることを勧められ入室します。室内は整理され清掃も行き届いているようですが、家具等はあまりないようです。

勧められて座布団に座ります。あらためて丁寧に挨拶をされ恐縮します。お茶の準備をするというのを断り、最近の通院状況や体調などを伺います。医師からは就労はもう少し待つように言われたそうです。「もう仕事はできると思う」と近藤さんが言うのを、あなたは「無理しないでください」などと言います。

近藤さんは質問には答えてくれるものの、いまひとつ会話が弾みません。引き継ぎ時に聞いていたイメージとは違うように感じます。

話も終わり席を立とうとした時に、近藤さんから前担当者はどうしたのか、なぜ担当が変更になったのかを聞かれました。笑顔を浮かべていますが、かなり真剣な眼差しです。これについては「役所の決まりで」とか「公務員なので定期的な異動がある」などと当たり障りのない説明をします。

近藤さんは思いつめたように「前担当の△△さんはよく来て相談にのってくれた」「担当員が変更になったら保護費が減っている」と言います。

あなたは、仕事の忙しさや役所の事情を詳しく述べても仕方ないと思いながら、訪問に来られなかったことをわびます。保護費については冬季加算の削除と基準改定によるものと考え、そのことを説明します。

ひと通り説明が終わり帰途に就きましたが、近藤さんはあまり納得できていないようです。後味が悪いまま初回の訪問が終わりました。

少なくとも今年度いっぱいは近藤さんの担当となりますが、うまく関係をもてるでしょうか。少し気が重く心配になりました。

お互いに緊張している

新年度に新しく担当となる世帯の状況を直ちに把握することはかなり大変だと思います（百世帯以上担当するCWもいるのではないでしょうか）。新年度早々から電話がかかり相談や報告、場合によっては苦情が寄せられることがありますが、経過がわからず初めて話す人に、ケース記録を見ながら対応をするのは、シックリしないこともあります。

引き継ぎを受けていても、被保護者の状況の理解はなかなか難しいのではないでしょうか。前担当者が退職したり他課へ異動した場合は、特に難しさを感じます。

家庭訪問も同様です。そのお宅に家庭訪問する際はケース記録等を事前に読んで、家庭の概略をつかんで訪問しますが、ケース記録によっては記述がシンプルすぎたり、扶助費の変更のことしか書かれておらず、読んでも生活状況がわからない場合があるかもしれません。

初めての家庭を訪問するときは少し緊張します。しかし、この「緊張」は被保護者側も同様に感じていると思われます。見ず知らずの他人が家に入ってくるのですから当然かもしれません。もしかしたら、保護受給を負い目に感じて、より強く緊張しているかもしれません。そのために話があまりできなかったり、ぎこちなかったりすることもあると思います*。

キツイことを言わないでね

筆者の経験ですが、新しく担当になった被保護者宅に訪問した時のことです。帰り際に「今度はどのような人が担当になるか心配だった」「キツイ人でなくてよかった」「なかには意地悪な人もいると聞くから」などと言われたことが再三ありました（ただ、これらは筆者が担当CWでよかった、ということよりも「キツイことや無理を言わないでくださいね」と言われているように感じましたが、考えすぎでしょうか）。

CWが担当の被保護者を選べないこと以上に、被保護者はCWを選ぶことはできません。被保護者の立場から見て「トンデモCW」が担当するということは、単に嫌な思いをするということだけではなく、CWの対応によっては人生を変えられたり、命にかかわることが生じるかもしれないのです。CWが被保護者をさまざまに評価するように、被保護者もCWを見ているのです。

＊私の場合

初回の家庭訪問では、保護費の決定方法について説明するようにしました。保護費が具体的にどのように計算されているのか、知らない被保護者が多かったように思います。この説明は自分の保護費についてですから関心も高く、熱心に聞いてくれました。

説明方法はB４判に一類、二類、加算、各扶助の金額を拡大コピーしたものを貼り、電卓でその世帯の基準額を計算します。そのうえで、年金や稼働収入の収入認定を行い支給額の説明としました（電卓での計算間違いもありそうなので、「大体ですよ」と逃げを打っていましたが）。

これを行うことでCWの胸先三寸で保護費が決められるわけでないこと（逆恨みを避けられます）や、基礎控除の説明では働いたほうが経済的にトクなことが理解しやすかったようです。特に新年度は冬季加算削除や基準改定で保護費が減額になる世帯もでますから（三月中に通知を送付しても、四月の入金で初めて保護費の変動がわかる人もいます）、保護費算定の仕組みを理解してもらうことはお互いに必要なことのように思います。

summer
その12

稼働能力活用の判断と判断の方法

六月は疲れが出る時期

新年度になり二か月が過ぎると新人ケースワーカー（以下「ＣＷ」）、新人査察指導員（以下「ＳＶ」）の方は仕事や福祉事務所に慣れてくる頃だと思います。また、四月に担当地域が変更になった方は、新しい被保護者の状況などが少しずつ見えてきた頃ではないでしょうか。

一方で、毎日が忙しく「目の前の業務をこなすのが精一杯で余裕なんかないよ！」という方も多いかもしれません。

この時期は、職場の人間関係等にも慣れ、異動（採用）直後の緊張感が解けてくる時期ですが、季節の変わり目でもあり、たまっていた疲れがドッと出ることもあるようです。できるだけ睡眠をとることと、休日はゆっくりすることをお勧めします（ご家族がいる方は休日ものんびりできないかもしれませんが……）。

保護要件としての能力活用

生活保護受給にあたってはその要件が、生活保護法（以下「法」）第四条第一項で次のように規定されています。

保護は、生活に困窮する者が、その利用し得る資産、能力その他あらゆるものを、その最低限度の生活の維持のために活用することを要件として行われる。

（傍点筆者、以下同じ）

ここでの「能力」とは稼働能力をさすとされていますから、就労できる人は就労することが保護の要件ということのようです。しかし、稼働能力

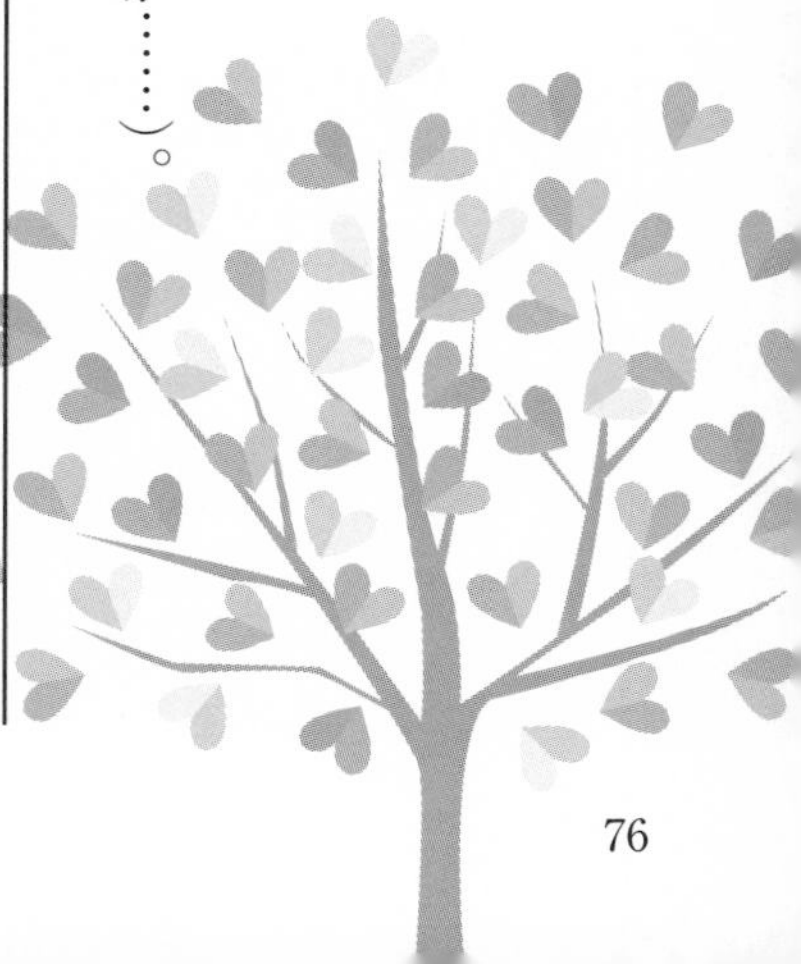

は、財産や収入のように数値化した基準を設けることが困難ですから、客観的な判断が難しいものと言えます。

就労できるといっても、どのような仕事ならばできるのかは、その人の経歴や資格などにより異なります。例えば、運転免許がない人はいくら健康で就労意欲があってもドライバーにはなれませんし、資格がなければ本人が希望しても医師や看護師として就労することはできません（なられたら大変です）。また、ビルの窓ふきなども高所恐怖症の人だとちょっと無理ではないでしょうか。

求人状況は景気動向を敏感に反映しますから、経済情勢等で求人がない場合は本人の意思や努力だけでは就労できません。とはいえ就労の問題は、資格や雇用情勢の問題だけではなく、本人の状況も大きな要素になると思います。

このように、利用しうる能力の活用は一筋縄ではいかないものなので、ＣＷはその判断に苦労する場合が多いのではないでしょうか。

事例

就労しない子どもをもつ母子家庭の秋山さん

〈就労しない高校中退の長男〉

秋山さんは三人の子ども（十代の高校中退、中学生、小学生）のいる母子家庭です。前夫のギャンブルや借金などで数年前に離婚し、紆余曲折はあったものの、現在は落ち着き、パート就労をしています。

十代の長男は中学時代には不登校になり心配されましたが、高校に進学することができました。しかし、高校でも友人関係等になじめず、登校できなくなり退学してしまいました。ケースワーカーのあなたは本年四月より担当しています。

前担当員からの引き継ぎでは、「秋山さんは就労や子育てをがんばっているし、下の二人の子どもも特に問題はない。ただ、長男は高校中退後にどうしたいか聞いても返事がなく、曖昧なままになっている。この世帯は長男のことを中心に考えてあげてよ」と言われていました。

そこで、あなたは秋山さんと連絡をとりながら何回か家庭訪問し、長男との面談を図ってきました。しかし、長男に復学したいのか働きたいのかなど希望を聞いても、うつ向いたまま「ええ」など気のない返事しか返ってきません。

ケース記録によると、前担当者の頃に一時「働きたい」との返事があったので、CWが、若者のための就労支援をするNPOやハローワークを勧め、同行する約束をしましたが、当日腹痛を理由に中止となり、その後も行くことはありませんでした。

就労支援員にも相談をしていたようですが、就労支援員が訪問しても会えず、また来所を促しても来てくれないため、就労支援員からは「会えないと支援ができない」と言われてしまったようです。

秋山さんによると、最近は長男に就労などの話をすると親子ケンカになってしまい、秋山さんも「どうしていいかわからない」「長男のことを考えるとイライラする」などと言います。

長男は日中ゲームをしたりテレビを見ていることが多く、友人はあまりいないそうです。ただ、秋山さんの話では兄弟仲は悪くないようですし、洗濯物などを取り込んでくれることもあるそうです。

SVからは「担当CWも代わったことだし、どのような援助をするか方針を考えてみてよ」と言われました。

そうは言われてもどうしてよいかわかりません。ここはほかのCWの知恵を借りたいところです。

〈係内での援助方針の検討〉

あなたがケース診断会議の開催を隣の先輩CWに相談したところ、「ケース診断会議だと、事情がわからないほかの係の人から『扶養はどうした』とか余計な議論にならないか。担当者でない人ほどいろいろ言うからなあ」「問題意識を共有できている係内で相談してから、必要ならばケース診断会議にかけたほうがよくないか」「だいたい会議資料作成も大変だろう」と言われました。あなたは先輩の忠告に従います。

SVに相談し、急ごしらえの係内の話し合いが行われました。

SVは「長男はまだ若いし、このままではもったいない」「直ちに就労できなくとも、今後どのような支援や対応を行うのがよいか率直に話し合ってよ」と言って、お菓子を差し入れてくれました（ちょっとうれしいです）。

同期のCW穴山君は「これまで働きかけても働こうとしていないし、保護をナメテいるんじゃないか」「保護慣れしないように、厳しくしたほうがいいと思うな」「就労指導の指示書を出してもいいと思うよ」など強硬派です。

しばらく議論したところで、SVから生活保護手帳に登載の「稼働能力の活用」が示され、「年齢的には稼働年齢層だけど、就労指導は適切だろうか」と言われました。

稼働能力活用の判断基準

保護の要件である稼働能力活用要件は、抽象的なためその判断基準が必要になります。しかし厚生労働省によると、これまでは「稼働能力の活用」については何等規定が設けられておらず、実際にはその評価方法や位置づけが必ずしも明確ではなく、ともすれば身体的な稼働能力の有無や年齢のみをもってこれを判断する傾向もみられていたとのことです。[※1]

そこで、二〇〇八年に厚生労働省は次のような判断基準を示しました。[※2]

第4　稼働能力の活用

1　稼働能力を活用しているか否かについては、①稼働能力があるか否か、②その具体的な稼働能力を前提として、その能力を活用する意思があるか否か、③実際に稼働能力を活用する就労の場を得ることができるか否か、により判断すること。

また、判断に当たっては、必要に応じてケース診断会議や稼働能力判定会議等を開催するなど、組織的な検討を行うこと。

2　稼働能力があるか否かの評価については、年齢や医学的な面からの評価だけではなく、その者の有している資格、生活歴・職歴等を把握・分析し、それらを客観的かつ総合的に勘案して行うこと。

3　稼働能力を活用する意思があるか否かの評価については、求職状況報告書等により本人に申告させるなど、その者の求職活動の実施状況を具体的に把握し、その者が2で評価した稼働能力を前提として真摯に求職活動を行ったかどうかを踏まえ行うこと。

4　就労の場を得ることができるか否かの評価については、2で評価した本人の稼働能力を前提として、地域における有効求人倍率や求人内容

等の客観的な情報や、育児や介護の必要性などその者の就労を阻害する要因をふまえて行うこと。

　ここでは「稼働能力の有無」「稼働能力を活用する意思」「就労の場を得ることができるか否か」を基にして、保護要件としての能力活用について判断することとされています。

　これらをみると、「稼働能力を活用する意思」の判断でも、「就労の場を得ることができるか否か」の評価でも、「稼働能力の有無」で評価した稼働能力を前提としています。つまり、「稼働能力の有無」の判断が大きな問題となります。また、この判断は単に稼働能力が「ある」か「ない」かだけではなく、稼働能力の程度の判断も必要とされるのです。

　ここで注意したいのは、稼働能力の有無の判断は厚生労働省が述べるように、年齢や医学的な面だけではないということが重要になります。福祉事務所現場では「稼働年齢層だから」「医師からの就労可能の判断があるから」ということだけで「稼働能力あり」としがちでしたが、それだけではないということです。

　すると、秋山さんの長男については年齢だけで判断してはいけないようです。

　また、「就労の場」の判断でも、「実際に稼働能力を活用する就労の場」でなくてはいけませんから、具体的な就労の場の検討が必要になるようです。

　係内の話合いの続きはどうなっているのでしょうか。

※1　厚生労働省社会・援護局保護課「平成20年度の生活保護」『生活と福祉』二〇〇八年五月号、九頁

※2　『生活保護手帳2017年度版』（中央法規出版、二〇一七年）二二八頁

〈盛り上がる係の話し合い〉

　三年めのCW甘利さんは「病気や障害ということは考えられませんか」「もう少し訪問などで本人と話して、状況をみたほうがいいと思います」と言います。

　ペットボトルのお茶を飲んでいた穴山君も「病気や障害ならば就労できなくとも仕方ないし、障害者雇用の線も出てくるかもしれない」と賛同し、「受診を強く指導するのはどうかな」と続けます。

確かに病気や障害があれば、就労よりもそれらの対応が先決なので、稼働能力活用要件の議論はとりあえず保留にはなります。しかし問題は、長男とどのように接し、今後についてどのように話をすればよいかがわからず困っていることなのです。

お菓子をつまみながら、ベテランCWの板垣さんは「長男が就労していないことだけで、秋山さんに障害や病気の疑いの話をもちかけるのは疑問だな。秋山さんとこじれないか」「だいたいCWが言えば受診してくれるのか。今度は受診の有無で膠着状態にならないか」とも言います。

ここで再度、長男の不登校や退学の経過について、ケース記録とあなたが家庭訪問や秋山さんから聞いた内容について確認され、議論が続きます。

甘利さんは「そもそも、長男に稼働能力があるのでしょうか。長男は不登校で高校を中退し、現在は引きこもり気味でアルバイトの経験もないですね」と言い、「厚生労働省の『稼働能力の活用』に照らして稼働能力の判断をあてはめると、生活歴は中学の頃から不登校で人間関係などで高校中退、引きこもり気味、資格なし、職歴なしとなると思います」「これでは稼働年齢層であっても、客観的かつ総合的に勘案して稼働能力があるというのは無理がないですか」「現状では求職活動も難しいと思います」と言います。

支援方針は

係内の会議では長男の現状では就労自体が難しいのではないか、という意見に落ち着きそうです。すると、保護要件に関わる就労問題ではなくなりますので、穴山君が最初に主張した指示書を出すといった議論は遠ざかるようです。

最後に板垣さんがあなたに「保護要件の問題でないならば、短期決戦でなくてもよいのではないか」「何もしないことと、時間がかかることとは別だよ」とまとめてくれました。

あなたなら秋山さん世帯への支援をどのように行いますか。

付録1
座談会

稼働能力の活用について

池谷先生と語るベテランCW・SV座談会

現場の状況やさまざまな可能性についてケースワーカー（CW）および査察指導員（SV）と池谷先生による座談会の様子を紹介します。日常業務で感じる戸惑いや悩み、解決の糸口、これからの支援のあり方などを考えていきます。

稼働能力活用の判断

引きこもり気味の若者の稼働能力の活用の判断について話し合っていただきたいと思います（事例七七頁参照）。この若者は中学から不登校気味で、高校を中退した十代。就労等について方向性が固まっていない状態で、CWの「あなた」がケースを引き継いだという設定でした。

稼働能力の活用については、生活保護手帳にも掲載されている局長通知（八七頁）があります。皆さんが判断される際にもこの基準を使うと思いますが、どのようにお考えですか。

稼働能力活用の通知では、能力の有無、活用する意思の有無と、就労の場があるかどうかの三つで判断するとされています。ここでは年齢だとか、医者が働けると言ったからというだけで、すぐに「稼働能力あり」と判断するものではないと書いてありますが、現場ではそのような考え方は理解されないことが多いと思います。毎年三分の一から三分の二のCWが入れ替わるからです。

例えば、肉体労働しかしてこなかったヘルニアで通院している五十歳の人に対して、医師の意見書は「事務作業なら可能」と書かれている。私は、

Profile

司会：池谷秀登先生
帝京平成大学現代ライフ学部教授。福祉事務所でCW、SVとして32年間勤務。

Tさん
CW歴通算15年。大都市部の福祉事務所に勤務。現在は保護世帯に加え、ホームレスも担当。

Jさん
CW歴5年。都市部住宅地の福祉事務所で120世帯を担当。事務所内の職員の意思疎通は良好。

Eさん
CW歴16年、SV3年め。所属福祉事務所CWの平均担当数は約90世帯。

この人の職歴と今の求人状況から、「稼働能力なし」と判断するのが妥当だと思っても、新しく着任したSVは理解してくれません。「医者は働けるって言っているのに、本当にそれでいいのか」と言われますね。

CWの穴山君が「指示書を出せ」と言う雰囲気（七九頁）もわかります。

率直に自分だったらどうするか、と思いながら読んでいました。結論はやっぱり難しい、が正直なところです。確かに、身体的な能力だけみれば仕事はできるでしょう。でも、不登校で社会性も未熟で仕事の経験もない。仕事は人間関係を構築しながら行うものですから、ちょっと就労は難しいと私は思いました。

稼働能力については、まずはボランティアでも何でもいいけれども、社会につながるところからスタートしてみる。とにかく前に進めていく状況を作るのが、いいのかなと思いました。

私もCW時代に経験がありますが、高校を中退してひきこもり気味になっている若者への接し方がいちばん難しいですね。時間と手間、あと信頼関係の構築に非常に時間がかかります。

私の職場ではこのような場合、稼働能力を活用していないと判断することは基本的にはしないと思います。今こういう状態になっている原因がどこなのかとか、あと、この子自身の希望というか、将来に対するビジョンみたいなものは、時間をかけて聞き取りしていかないことには、話が進まないと思って、単純に指導のような形でやりとりをしても何の意味もないと思います。

ただ担当のCWがどんどん変わっていくので、ようやく関係が築けたかなというぐらいにCWが変更になり、そこで面談が途切れることがよくあって、すごく残念だなと思うことがあります。

監査をめぐって

就労意欲の低い人の稼働能力の判断を考える際に、「病気がある」とか「障害がある」と医師から言われると就労の議論がなくなることがあるようです。

そこでCWがちょっとほっとすることはありませんか。CWとしては働くか受診するかどっちかにしてほしいと思っていることはありませんか。

確かにそんな気持ちになったことはあります。どこかの専門機関につないだら、CWはほっとしますよね。働かなくてもサポステに通っていればいい、意欲喚起事業に通っていればいいとか。

事例（七七頁）にもありますが、子どもの状態とか病状を議論するのではなくて、CWが経済的支援と対人支援をしつつも監査をにらみながら仕事をしているようにも感じられますが、いかがですか。

CWなりに監査を意識していることは確かです。

私自身が監査をしていたこともあるので監査する側から見てみると、何も手をつけていないことがいちばん気になりますね。まずは利用者の状況を知っているのか、把握をする努力をしていれば、結果が出ていなくてもそこはいいのかなと思っていました。

CWとしてやるからには、この世帯（この子）をどうサポートしていくのかというビジョンがなければ、あまり意味がないと思います。病院さえ行ってくれれば、それでいいみたいなCWもいるのは事実ですね。

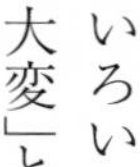
いろいろな自治体で聞いてみると、「訪問が大変」とか「百世帯以上担当して大変」といった話は出ますが、その状況で利用者への支援方法をどう考えるかということよりも、監査の話が先に出てくることが多いように感じます。訪問しないと監査で指摘されるから訪問するとか、要するに監査のための訪問になっている状況かもしれません。

この事例の支援方針の最後に「板垣CW」の意見として「何もしないことと、時間がかかることは別」とありました。

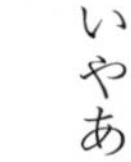
いやあ、この一言には、すごく救われました。

稼動能力活用通知をめぐって

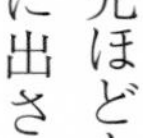
先ほども話題にでた平成二十年（二〇〇八年）に出された厚労省の稼働能力の活用についての通知では、「年齢、医学的な面からの評価だけではなく……」と書かれています。この判断基準が出たのはいいなと思っています。また、生活歴、職歴を総合的にみて判断する、とも書かれて

います。このあたりを現場はどのように受け止めているのでしょうか。その前に、この通知の内容は現場のCWやSVに浸透しているのでしょうか。

具体的にはわかりませんが、ちゃんと読んではないCWが多い感じがしますね。

私も職場に浸透してないという実感があります。稼働能力を考える際にこの通知をCWの誰しもが頭に置いて考えているかというと、ちょっと疑問符がつきますね。

ある福祉事務所では病状把握と稼働能力について、主治医に対して文書照会をして、その回答で稼働能力の有無を判断していたそうです。

こんな方法も聞いたことがあります。稼働年齢層で働いていない人たちをピックアップして、CW全員で一斉に訪問なり面接なりで就労の意思確認を行って、少しでも意思のある人を就労支援機関につないだそうです。ただ、それも一年限りでその後が続かなかったそうです。

就労支援プログラムの活用も課題があります。プログラムを進めるためには、CWたちは主治医に直接お話を聞いてくることが多くなるので、支援のヒントになることを知ることができます。これは、稼働能力のあるなしの判定だけじゃなくて、その方の支援につながります。ところが、ただ病状調査を就労指導の必要性の理由づけにしているCWもやっぱりいて、利用者との亀裂が発生する危険性を同時に感じましたね。

主治医は快く会ってくださいますか。アポをとるだけで手間がかかりますよね。

面倒で手間のかかる作業なので、CWの皆さんは苦労しています。でも文書だと、仕事ができるかできないかとか、軽作業可とか、事

務なら可とか、すごく単純な答えしか返ってきません。あらかじめ就労を希望している利用者の方に「仕事をやるとしたら、どんなことだったらやってみたいと思う?」とか「やれると思う?」と聞き取りをして、主治医に「本人はこんなことを言っているが、体調や医学的には大丈夫でしょうか」というような聞き方をすると、主治医も「それだったら、長時間の立ち仕事以外ならいいよ」「腰に負担がかからない姿勢でできる仕事がいいね」とか、具体的なアドバイスをくれるんですよね。さらにご本人と一緒に医師の話が聞ければ、その後の支援がよりスムーズにできます。

保護要件と就労支援

生活保護における就労の位置づけについては二つあるのではないでしょうか。一つは、保護要件としての能力活用です。これは補足性の原理として生活保護法の条文にあります。それともう一つは、保護要件の議論とは別の「就労支援」ではないかと。

稼働能力が低い、あるいは就労は困難であれば保護要件の議論からは問題にはならないけれども、本人のやる気、つまり働きたいとか、就労することによる社会参加とか、その意欲を実現するための支援を行う必要を感じる場合もあると思います。例えば比較的重いと思われる障害や精神疾患の方の場合、就労していなくても保護すること自体に問題はありませんよね。でもその人が「働きたい」と意思表示したら、CWはどのように考えるでしょうか。

私は「就労指導」はほとんどしていません。するとしたら「就労支援」だと思っているからです。ただ、私も病状調査は出しているので、それは保護要件の確認をしているのだなと、はっとしましたけれども……。

小林エリコさんが著書『この地獄を生きるのだ。うつ病、生活保護。死ねなかった私が「再生」するまで。』（二〇一七年）のなかで、自分は生活保護を利用していて精神疾患があったけれども、働きたかった。だけど、担当のCWからは一度も働く応援とかメニューの提示がなかった。それが非常につらかった、と述べています。確かに障害者の方は作業所に行っていればいいとか、障害年金をもらって障害サービスを受けていればいい、と思っているCWは多いなと思います。この考えには多分、支援という意識が欠けています。いま池谷先生から、保護要件は充足されているけれども、本人の「働きたい」という希望への支援を行っていない、と指摘されて小林さんの言葉を思い出しました。

私もはっと思ったのですが、確かに病状照会を行うということは要件確認をやっていたんだなと思いました。例えば「働きたい」と言っている人がいるけれども、どういう仕事がいいんだろうとか考えながら、主治医に「どうしたらいいでしょうか」みたいな感じで病状照会を行う機会は、あまりないと思います。利用者と面談して将来の生活ビジョンについて聞いたときに、「ちょっと、仕事もしてみたいかな」と話が出たら、「それでは一度、就労支援員と話してみますか」とすぐにつないでしまうのが普通なので、病状照会は保護要件の確認のためにやっていて、それとは別に本人の「働きたい」という希望には正面から向き合っていないことが多いように思います。

保護要件と就労支援の関係については、もう少し考えたほうがいいとは思いますが、生活保護行政における就労の意味には、この二つがあるのかもしれません。特に稼働能力の活用という保護要件については、先ほどあまり浸透していないといわれていた平成二十年（二〇〇八年）の局長通知にある含蓄のある文章をあらためて確認しておく必要がありますね。

生活保護法による保護の実施要領について
厚生省社会局長通知（第八四次改正　平成二十年十二月二十二日　社援発第一二二二〇〇七号より）

第4　稼働能力の活用

1　稼働能力を活用しているか否かについては、①稼働能力があるか否か、②その具体的な稼働能力を前提として、その能力を活用する意思があるか否か、③実際に稼働能力を活用する就労の場を得ることができるか否か、により判断すること。

　また、判断に当たっては、必要に応じてケース診断会議や稼働能力判定会議等を開催するなど、組織的な検討を行うこと。

2　稼働能力があるか否かの評価については、年齢や医学的な面からの評価だけではなく、その者の有している資格、生活歴・職歴等を把握・分析し、それらを客観的かつ総合的に勘案して行うこと。
3　稼働能力を活用する意思があるか否かの評価については、求職状況報告書等により本人に申告させるなど、その者の求職活動の実施状況を具体的に把握し、その者が2で評価した稼働能力を前提として真摯に求職活動を行ったかどうかを踏まえ行うこと。
4　就労の場を得ることができるか否かの評価については、2で評価した本人の稼働能力を前提として、地域における有効求人倍率や求人内容等の客観的な情報や、育児や介護の必要性などその者の就労を阻害する要因をふまえて行うこと。

働きたくない人は少ない

ここまで、高校を中退した引きこもり気味の若者の事例を取り上げ、稼働能力の活用について話し合ってきました。さらに就労支援の実情やあり方も議論したいと思います。
ところで、皆さんの担当世帯数についてお聞きしたいのですが。

スタート時が百十世帯で、今は百二十世帯です。

ホームレス支援の担当になり居宅と併せて五十世帯くらいですが、ホームレスの新規が年に二百件くらいあります。

私の福祉事務所の平均受け持ち世帯数は、九十前半くらいですね。

世帯数が多いなかで支援を行うことについては、どう思われますか。

百世帯を超えると厳しいという印象はありますね。

ある程度のメリハリをつけることも必要かなと思います。

例えば部屋はきれいに保たれ、きちんと食事をとり、通院などにも問題がない人であれば、前回の訪問時以降変わったことはないかなど、あまり時間をかけずに状況を聞く。一方で複雑な問題を抱えている世帯は時間をかける必要があると思います。

状況に応じて支援の仕方を考えるということですね。
ところで、保護利用者で「働きたくない」と言っている人は、皆さんが担当する世帯では多いですか。

働きたくなくて昼間からぶらぶらしている人がいる印象はあまりないです。

私も少ないと思います。なかには生活保護を利用している現状に不満をもたず、就労にもあまり積極的でない若者もいるようですが、背景をひも解くとその若者は出身も被保護世帯でした。こういう場合、就労意欲の低さは本人だけの責任といえるのでしょうか……。

また、世帯類型でも圧倒的に多いのは高齢者で、母子世帯でも子どもが乳幼児なら就労は難しい。稼働能力が活用できる人の割合自体が少ないのに、さらにそのなかで「働きたくない」と言う人は少ないのでは。

「働きたいことは働きたい、ただし……」と条件がつく人はいくらかいるかもしれませんが、ほとんどの人は働きたいのだと思います。

就労によって生まれる変化

それでは、働いている人とそうでない人に違いを感じることはありますか。例えば、コミュニケーション能力などその人の社会性が、就労で変化することはあるのでしょうか。

全員というわけではありませんが、就労によって変わる人は劇的に変わります。特に、こちらが「この人は働くことは難しいかもしれない」と思っていた人ほど、何かのきっかけで働きだしたら変わりますね。きちんと電話をかけてくるようになったとか、収入申告を出しに行きますと自分から言うようになったとか、散らかっていた部屋が片づいてきたとか。そういう変化を見ると、この仕事のやりがいやだいご味を感じます。

別人のように身なりを整えるようになった人もいます。ただ、これをケース記録に書いても、読んだだけで係長に変化が伝わるのだろうかと、もどかしい気分になることも……（笑）。

伝わっていますよ、きっと。私はそういう記録を見ると、よく見てくれている、よく支援してくれている、とうれしくなります。実際にそういう人は福祉事務所にもよく来所するようになるから大げさな記録だとも思いませんよ。

やはり支援の力は大きいですね。

生活保護法第四条一項では保護要件を「**保護は、生活に困窮する者が、その利用し得る資産、**

能力その他あらゆるものを、その最低限度の生活の維持のために活用することを要件として行われる」としています。この「能力」とは稼働能力のことですから、働ける人は働いて収入を得てくださいということで、極端にいえばお金の話です。保護基準内の収入でも、本人が能力に合わせて働いていれば、要件は満たしているといえます。

しかし「働く」ことを保護要件だけで考えるのも無理があるように思えます。今お聞きしたように、コミュニケーション力や身なりなど、就労で変化が生まれることもあるとしたら、それも就労支援の結果ですよね。そういう意味では、就労支援の結果はお金、つまり経済的自立以外の社会的自立や日常生活自立にも反映されているといえそうです。

働いていないと周りから情報が入りづらいのではないか、と思うことはあります。例えば就労している母子家庭の場合、職場のママ友と子どもの進学が話題にのぼったり、情報を得る可能性がある。けれども働いていないと進学、あるいは就職などの情報も得にくいし、同僚の経験を参考に自分の考えが形成されていくようなことも起きにくい。周囲から離れた状況では、自分だけの意思で何かを選び取ったり、行動を起こすのもなかなか難しいですよね。

私がCWをしていた時の経験ですが、就労している母子家庭のほうが子どもの進学率は高い印象はありました。

たしかに働いている人のほうが社会とつながりやすいと思います。そこは大きいかもしれないですね。

要件論を超えた就労支援

就労は、収入を得ることは当然ですが、社会参加や人間関係を築く機会も得られるということですね。だから、稼働能力が低いと言われている人や、障害のある方についても、その人に合う就労支援をする必要はあるわけです。

事例（七七頁）でも、引きこもりの若者の稼働能力については、主に要件論のなかで議論しています。要件はクリアするかもしれません。だからといって高校中退のこの子をこのままの状態で放っておいてもいいのか、という思いもあります。六月号の最後にCWの板垣さんが言った「保護要件の問題でないならば短期決戦でなくてもよいのではないか」「何もしないことと、時間がかかることが別」という言葉は、時間はかかっても支援は必要、ということです。こういう要件論を超えたところでの支援については、皆さんの職場ではいかがですか。

コミュニケーションをとりながら就労支援につなげていく、ということが現実的なところだと思います。一方で、その若者が高校中退や引きこもり気味だったことを考えて、そのつらさを解きほぐすようなことも大事かなと思います。就労支援の前段階で本人と接する機会はあるわけだから、いろいろ話してみたり、興味がわく業種がありそうなら「一緒に見に行ってみる？」と職場見学を提案してみる。就労だけでなく精神的な面も含めて総合的な支援はできるんじゃないかなと思います。まずは「こんにちは」と家庭訪問して、関係づくりから始めることが大切ではないでしょうか。

この事例の若者の場合、中学生の頃から不登校気味で高校は中退しています。基礎学力がおぼつかない可能性が高い。こういう子が就労できる安定的な職場は簡単に見つかるかという点も気になりますね。アルバイトで月に数万円稼げるかもしれないけれど、社会性が身につき、余暇を楽しめるような〝最低限度〟よりも少し上の生活を送れるようになるところまでいけるのか……。

おっしゃる通りですね。例えば収入重視で無理して職人の世界に飛び込んだが、厳しいわ叱られるわで結局続かない、なんてことは容易に想像できます。私ならこういうケースでは「すぐ就労」は考えないと思います。

聞き出すのが本当に難しいのですが、やはり大事なのは本人がどうしたいのかですよね。「これからどうしたいか」「また高校に通いたいか」など本人の意向を確認する必要がありますが、もし高校を中退したことで自分を責めていたりした場合、ストレートに聞きすぎると本人を傷つけてしまうかもしれないから、聞き方も大切です。質問の仕方にも気をつけて、まずは本人と親からいろいろ聞いてみます。例えば、昼夜逆転の生活を送っていないか、不規則な生活だとしても家事は手伝ってくれているのか、兄弟思いの良いお兄ちゃんなのかとか。

いきなり「将来の夢は？」と聞かれても難しいですから、まずは「君のことを知りたい」というところから始めていく。

私のＣＷ時代の経験では、こういうケースのお子さんがいきなり技能習得やサポステに行ってもハードルが高かったのか難しいことが多かったです。

基礎学力の面で難しさがあったということですか。

そうですね。だから、ひとまずやさしく話を聞いてくれそうな就労支援員につなげて「ちょっと話しにくる？」と呼びかけてみます。

また、私の自治体では高校生や高校中退の子どもを対象に、働くってどんなこと、お金ってどんな使い方ができるのなど、世の中について広く学べるような自立支援の場づくりにも取り組んでいます。するとなかには学んでいくうちに「こんなことをしてみたい」と言ってくれる子もでてくるので、そこをうまく捉えて支援を進めていく感じですね。

支援期間はどのくらいになるのでしょうか。

三年、四年がかりの長期的な支援になります。年度内で決めようという考えはないですね。一年めは関係づくり、二年めは「次はどんなことを考えてみる？」と少しずつステップアップしながら取り組みます。それを途切れさせずに続けることは決して簡単ではありませんが、本当に大事だと思います。

「鉄は熱いうちに打て」とすぐに結果を求めてしまいがちですが、やはり課題のある世帯は時間がかかりますからね。

支援のバトン

この座談会の冒頭でも、ＣＷは人事異動で短期間で担当が変わってしまう難しさがあるという話が出ました。ここにいる皆さんはベテランといえるキャリアをお持ちですが、短期間で異動してしまうＣＷは、長期的な支援にどのように取り組めばよいと思いますか。

お話を聞いていて、ＣＷになり始めた頃に担当したケースを思い出しました。ごみ屋敷で子どもは不登校。その子は当時中学生。担当した二年間で私は何も解決できませんでした。でも、私の次の担当者の時にその子は高校に進学したそうです。自分が関わっている時に変化がなくても、こういう結果につながることもあるということに気づけたのはよかったですね。CWは三年から四年、短いと一年から二年で異動や担当替えが多い。短期決戦で進めなければならないこともあるけれど、まいた種が後に芽を出すこともあるんですよね。

絶対ありますよ。前の担当者が種をまいて土地をならしてバトンをつないでくれたからこそ、次の担当者で芽吹くんですよね。ただ、記録を読んでいるとなかには途中でバトンを落としてしまったもったいないケースを見つけることもあります。ここまでがんばっていたのにこの一年間が空白でもったいないなと。だから引き継ぎはすごく大事にしてもらいたいですね。特に若い保護利用者は、変わりたいと本人が思っていることも多いので、早いうちから継続的に支援できると変化も大きいのではないでしょうか。

CWは数年で異動せざるを得ないならば、そこを踏まえて就労を支援するシステムをどうつくっていくか考えることも大切ですね。一つは支援計画を明確にしてきちんと引き継ぐことかもしれない。さらにもう一つ挙げるなら、多くの自治体が雇用する就労支援員としっかり連携することかもしれませんね。そうすることでCWが異動しても、継続して事案に関われる就労支援員が支援し続けられる。

そういう意味でも、就労については、要件論から自立助長の支援に移行して考えていくことが重要かもしれないですね。

summer
その13

収入未申告と不正受給の判断

この時期は……

七月は暑さとともに湿度も高くうっとうしく感じる方が多いと思います。

ケースワーカー（以下「CW」）の方にとっては、この時期の家庭訪問は大変ではないでしょうか。涼しい地域の人たちがうらやましく思いますが、そのような地域では冬が大変かもしれません。また、これからの季節は蚊やゴキブリが頻繁に出没する家庭もあり、筆者は訪問時に虫よけスプレーを持参したことがあります。

CWは体力勝負の要素がありますから、体調管理には気を付けてくださいね。

課税調査

七月は気候だけでなく、より「暑く」なるものとして課税調査があります。

平成十六年度までの『生活保護手帳』では「関係機関調査」の項目はありましたが、課税調査の記述はありませんでした。しかし、課税調査は不正受給発見のために効果があるとされ、平成十七年度に課税調査の項目が新設され、「**被保護者の収入の状況を客観的に把握するため、年一回、税務担当官署の協力を得て被保護者に対する課税の状況を調査すること**」とされました。

平成二十一年度の実施要領改正では「**被保護者の収入の状況を客観的に把握するため、毎年六月以降、課税資料の閲覧が可能となる時期に速やかに、税務担当官署の協力を得て被保護者に対する課税の状況を調査し、収入申告額との突合作業を実施すること**」とされ現在に至っています。[※1]

また、『生活保護手帳』の同じページに参考として平成二十年十月六日通知「課税調査の徹底及び早期実施について」（平成二十三年三月三十一日改正）も登載されており、調査対象者が被保護者以外にも広げられるとともに、**「当該収入については遅くとも八月分の保護費に反映させるような迅速な認定処理を行なうこと」**としています。すると、調査や事務処理は八月保護費の経理事務処理の締め切りである七月中旬頃までに行うことが求められ、その作業はなかなかの量となります。

このように、ここ数年で課税調査の扱いが詳細になり、ＣＷの業務が増加しています。ちなみに、不正受給発生率は平成十六年度では一・〇九％でしたが、十七年度には一・二〇％となり、その後微増を続け、平成二十四年度以降は二・六〜二・七％を推移しているようです。なお、一件当たりの不正受給額は減少傾向にあります。※2

※1　『生活保護手帳二〇一七年度版』（中央法規出版、二〇一七年）四〇一頁

※2　厚生労働省全国厚生労働関係部局長会議資料、厚生労働省社会・援護局主管課長会議資料各年度

事例

収入認定していない収入が課税調査で見つかった、一条さんと小幡さん

あなたが課税調査の帳票を確認していたところ、気になる世帯が出てきました。

ひとりは、障害のある一条さんです。一条さんは障害年金は収入認定していたのですが、稼働収入が税務資料で出てきたのです。一条さんには障害があることもあり、就労していることなど今まで考えたこともありませんでした。

もう一人は、母子家庭の小幡さんの高校生の子どもです。稼働収入が税務資料に記載されています。これまで、この高校生とは家庭訪問をしても不在で面談をしたことはありません。小幡さんからは、部活の話は聞いていましたが、アルバイトの件は話題にも出ていませんでした。

さっそく連絡をとり、それぞれに事情を聴いてみました。

一条さんによると、昨年夏ごろに知り合いに頼まれて工場の雑役をしたそうですが、体調が悪くなり短期間で辞めさせてもらったそうです。収入を聞くと、振り込まれた預金通帳を見せてくれま

した。保護費や障害年金と同じ通帳です。金額は課税調査と同額です。収入申告しなかった理由をたずねると、申告義務は知らなかったと言い、年金についてもCWから言われたら通帳を見せていると言います。

小幡さんは子どもがアルバイトをしていることは知らなかったと言います。小幡さんによると、高校の先輩の紹介で部活の友人たちとアルバイトを不定期に数か月行いましたが、トラブルがありみんなで辞めたそうです。アルバイト収入は部活の費用に使ってしまった、とのことで振り込まれた通帳を見せてくれました。

高校生の子どもと面談をしたところ、部活の関係で行ったアルバイトで、収入も部活で使ったので親には言わなかったとのことでした。小幡さんは給料を毎月収入申告をしており、申告義務は知っていましたが「まさか子どもがアルバイトをしていたなんて……」と絶句していました。

あなたは査察指導員（以下「SV」）に報告をし、対応を相談します。

横から同期のCW穴山君が「不正受給だよ。法第七十八条を適用して返還決定しないと。悪質ならば刑事告訴や被害届も出さないといけないかもしれないよ。こっちは一生懸命やっているのに頭にくるなあ」と言います。

あなたもだまされていたように思いますし、それでなくとも忙しいのに、ケース診断会議を行う資料づくりやこれからの作業の負担を感じます。

話を聞いていた三年めのCW甘利さんが「不正受給はダメですが、本当に不正受給なんですか。課税調査と収入認定額が一致していないだけで単純に決めつけないほうがいいですよ」と言います。穴山君は「課税調査で出てきたんだから不正受給に決まってますよ」と不満気です。

SVが「収入認定していない収入があったことは間違いないと思うが、不正受給として法第七十八条を適用することについては、CWの主観だけでなくきちんと判断する必要があるね」と言い、厚生労働省の判断基準を示してくれました。

不正受給の判断基準

無申告収入の法第七十八条の適用については、厚生労働省はいくつかの通知などを示しています（いろいろな文書があって大変です）。厚生省時代からのものでは、一九六六年の『生活保護百問百答　第17集』に掲載され、その後、何回かの修正を経て「生活保護手帳別冊問答集」（以下、「別冊問答集」）に掲載され現在に至っています。[※3]

ここでは、収入申告が過少であったり申告を怠ったため扶助費の不当な受給が行われた場合には、法第六十三条による費用返還の場合と法第七十八条による徴収の場合と二通りの扱いが考えられるとして、次のように述べています。

法第七十八条によることが妥当な場合

(a)届出又は申告について口頭又は文書による指示をしたにもかかわらずそれに応じなかったとき

(b)届出又は申告に当たり明らかに作為を加えたとき

(c)届出又は申告に当たり特段の作為を加えない場合でも、実施機関又はその職員が届出又は申告の内容等の不審について説明を求めたにもかかわらずこれに応じず、又は虚偽の説明を行ったようなとき

(d)課税調査等により、当該被保護者が提出した収入申告書又は資産申告書が虚偽であることが判明したとき

また、法第六十三条と法第七十八条の関係については次のように述べています。

受給者に不正受給の意図があったことの立証が困難な場合等については返還額についての裁量が可能であることもあって法第六十三条が適用される。

通知「生活保護行政を適正に運営するための手引について[※4]」では、調査で疑義が生じたときの基本的な考えとして、

実施機関が把握している収入等の状況について疑義が生じた場合には、不正受給であるかないかについて検討することになるが、この段階では単に「収入未申告の疑い」があることに過ぎないので、保護の実施機関としては、先ずは事実の的確な把握をすることが必要である。

としたうえで、法第七十八条の認定については、別冊問答集の(a)～(d)と同じ文章の後に次の記述があります。

　したがって、例えば被保護者が届出又は申告を怠ったことに故意が認められる場合は、保護の実施機関が社会通念上妥当な注意を払えば容易に発見できる程度のものであっても法第六十三条でなく法第七十八条を適用すべきである。

　また、別の通知「生活保護費の費用返還及び費用徴収決定の取扱いについて」※5では、

　被保護者に不当に受給しようとする意思がなかったことが立証される場合で、保護の実施機関への届出又は申告をすみやかに行わなかったことについてやむを得ない理由が認められるときや、保護の実施機関及び被保護者が予想しなかったような収入があったことが事後になって判明したとき等は法第六十三条の適用が妥当であるが、法第七十八条の条項を適用する際の基準は次に掲げるものとし、当該基準に該当すると判断される場合は、法第七十八条に基づく費用徴収決定をすみやかに行うこと。

としてやはり、別冊問答集の(a)～(d)が示されています。さらに、

　法第七十八条の適用に当たって最も留意すべき点は、被保護者等に不当又は不正に受給しようとする意思があったことについての立証の可否であり、立証を困難にしているものの原因は、被保護世帯に対する収入申告の義務についての説明が保護の実施機関によって十分になされていない、あるいは説明を行ったとしても当該被保護世帯が理解したことについて、事後になってケース記録等によっても確認できないといったこと等にあると考えられる。

と、あります。

※3　『生活保護手帳別冊問答集二〇一七』（中央法規出版、二〇一七年）四〇五～四〇六頁
※4　『生活保護手帳二〇一七年度版』（中央法規出版、二〇一七年）六一三～六六三頁
※5　『平成二十九年度版生活保護関係法令通知集』（中央法規出版、二〇一七年）五九三～六〇二頁

どのような説明が行われていたか

　SVから示されたこれらの通知を見て穴山君は「なんでこんなに通知が多いんだ！」「一本にまと

めてほしいよ」と言います（あなたも大いに同意します）。ただ、法第七十八条の適用には「不正の意図」の証明が必要なことはわかりました。

ＳＶからは、「一条さんの収入申告義務の説明はどうなっているの」と聞かれますが、一条さんに説明した旨のケース記録は見当たりません。そもそも障害のある一条さんが就労することは想定外だったように思います。

甘利さんは「障害年金があるのだから、収入申告の説明はされているのでは？　年金の収入申告はどうなっているの」と言います。収受した年金の収入申告書を見ると、記名押印と「ネンキン」とだけ書かれ、預金通帳のコピーの添付資料があるだけです。

甘利さんは「一条さんの障害程度だと収入申告の意味が理解できてますか。ＣＷに言われたことだけを書いていたのではないですか」と言います。

一方、小幡さんについては、ベテランＣＷの板垣さんが「今は、高校生だからと言って法第七十八条の適用から除外することはできないが、そもそも不正の意図はあったのかい。申告義務は承知していたのかが問題じゃないか」と言います。

ＣＷから収入申告の必要性を説明したことを受け、理解した旨の証書である「法第六十一条に基づく収入の申告の確認書」には、小幡さんの子どもの氏名押印はあります（印影は小幡さんと同じ三文判です）。

甘利さんが「それは、ＣＷが直接高校生に説明したのではなく、お母さんに説明したのを、お母さんが高校生に話して書かせたわけですよね。お母さんはきちんと説明したのでしょうか」と言うと、穴山君は「でも、小幡さん自身は収入申告義務を十分理解しているよね。きちんと説明したはずだよ」と言います。

板垣さんは「小幡さんの場合、法第六十三条ならば高校のクラブ活動費は控除できる可能性はあるが、法第七十八条ならば全額返還となるのだから、ここはきちんと判断する必要があるよ」と言います。

あなたは、このあと一条さん、小幡さんについてどのような調査を行い、どう判断しますか。

付録2

座談会

収入未申告と不正受給の判断について

池谷先生と語るベテランCW・SV座談会

「不正な意図」はあったか

二つの事例（九五頁）で、収入未申告と不正受給について取り上げました。障害があるので働けるとは思っていなかった「一条さん」に、実は稼働収入があったという事例が一つ。もう一つが、母子家庭の「小幡さん」で、高校生の子どもがアルバイトをしていたことを母親が知らなかったという内容でした。共に収入認定していない収入が、課税調査で出てきたという内容です。

読みながら、よくあることだと思いました。特に「小幡さん」の事例。子どもは親に言い出せなかった部活の費用や携帯代にお金を使っていた。レシートもないし、本人と会えない。「うちの子は部活と勉強で手いっぱい」と親から聞いていたのに、課税調査で収入が出てくると、こちらも大変だしつらい気持ちになります。でも、不正受給の立証は困難と考えて、生活保護法第六十三条の費用返還を検討すると思います。

あるあるですね。「一条さん」が申告義務について知らなかった場合は六三《ロクサン》が考えられますし、「小幡さん」の子どもも、申告義務を本当に理解していたかどうかに疑義が残るのなら、六三の検討の余地は十分あるのでは。

本当にあるあるです。私の福祉事務所では、高校生向けに収入申告に関するパンフレットを作成して周知に努めています。でも、肝心の本人になかなか会えません。母親に「子どもに生活保護を受けていることを知らせたくない」と言

Profile

司会：池谷秀登先生
帝京平成大学現代ライフ学部教授。福祉事務所でCW、SVとして32年間勤務。

Tさん
CW歴通算15年。大都市部の福祉事務所に勤務。現在は保護世帯に加え、ホームレスも担当。

Jさん
CW歴5年。都市部住宅地の福祉事務所で120世帯を担当。事務所内の職員の意思疎通は良好。

Eさん
CW歴16年、SV3年め。所属福祉事務所CWの平均担当数は約90世帯。

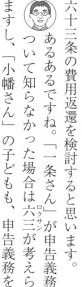

われることが多いです。子どもに会わせてもらえず苦労しているCWは少なくないですし、結果、申告漏れにつながったりすると非常に残念です。

　とはいえ、しっかり説明できていなかったり、理解されていない可能性があるなかで、法第七十八条の費用徴収を適用するのは違うかなとも思うので、まずは私たちができる努力をしていこうと、こうした取り組みを行っています。

七十八条の問題とは、不正受給の費用徴収の議論です。その適用には「不正の意図」の証明が必要です。丁寧に申告義務について説明したにもかかわらず、わざと申告をしないのと、その義務を知らずに申告が漏れたのでは、大きな違いがあります。
　不正受給は行われてはならないですが、議論の前提としての「それは不正受給か否か」が曖昧になっている印象もあります。「意図的な不正受給か、「不正の意図がない収入」なのかの峻別ができてないことが問題なのではないかと思います。
　大切なことは「保護利用者には制度を理解してもらい、その上で意図的に隠せば不正になる」。もう一つは「行政側は保護利用者の申告漏れをどう防ぐか」ではないでしょうか。皆さんのところではいかがですか。

保護受給開始時に「保護のしおり」で、収入申告をしなければならない内容を伝えています。さらに正しく申告すれば、控除できたり収入認定しないですむものもあるとか、逆に収入を申告しないと保護費を返してもらうことなどを説明しています。そして最後に課長通知[※1]で示された「確認書」[※2]に署名、押印していただく。高校生のお子さんにも署名、押印してもらうようにしていますが、全員となるとちょっと……。とにかく折に触れて説明を心がけ「不正受給にならないよう気をつけようね」という話はしています。

※1　【通知】生活保護費の費用返還および費用徴収決定の取扱いについて（平成24年7月23日社援保発第０７２３第1号　厚生労働省社会・援護局保護課長通知）
※2　※1の別添様式「生活保護法第61条に基づく収入の申告について（確認）」

収入申告に関する確認書をひと通り読んで説明して署名、押印してもらっています。ただ複数世帯の場合、全員の署名がとれるかどうかは、難しい場合があると思いますね。

親とは話せても子どもと会えない

保護利用者にはＣＷの説明を受けて署名、押印してもらうわけですが、実際には生活保護を初めて申請した時、説明の中身をきちんと理解できていなくても署名してしまうことがあるかもしれないですね。

また、先ほど「親とは話せても、子どもと会えない」という話がありました。この問題についてはどう思いますか。

正直な実感として、会うのはなかなか厳しいと思うんです。ただ「難しい」とか「保護の話を子どもにするのは早すぎるんじゃないか」と思う一方で、高校生であれば、生活保護受給証明書を出す必要もあるし、アルバイトをすれば収入申告しなければならないなど、状況がさし迫っています。そういうなかで、生活保護を受けている現実を知らないのはむしろ本人にとって不幸なことかもしれない、ということは母親に伝えるようにしています。

ちなみに、子どもと接触できそうな夏休みは課税調査のシーズンでデスクワークに忙殺されがちです。

ええ、もったいないですよね。うちの事務所のＣＷには、高校生がいる世帯には、できるだけ夏休みに家庭訪問しようと伝えています。

例えば相手が中学三年生なら、高校にも行けるよという話を中三の時にするのでは遅くて、中一、中二の頃から話すほうがいいのと同じように、高校一年生の時点でいろいろ話をしておく方法もあると思います。ただ、担当ＣＷは中一の時と中三の時では多分違う。高一の時と高三の時も違うわけですよ。経験豊富なＣＷであれば、二年後、三年後の進路を含めた情報提供や話し合いができるかもしれないけれど、着任したばかりのＣＷは業務に追われてそこまでカバーしきれないかもしれない。そうして高校生の子どものことがなおざりになってしまうことは、多くの福祉事務所で起きているのではないかなと思います。

若かったり着任したばかりのＣＷだと、子どもに知らせるのはかわいそうだと言われると、やはりひるむかもしれませんね。子どもの年齢にもよるかもしれない。でも高校生は卒業後の話がありますから、話しておいたほうがいいですね。

この問題の要は、子どもにどう説明するか以前に「親が理解できる説明をＣＷがきちんとできているかどうか」のように思います。子どもの支援のアプローチはそこが重要ではないでしょうか。親がきちんと理解できてないのに無理して子どもに会っても、前向きな議論にはなりにくい。それよりも、親に子どもの高校卒業後の進路を考えてもらうとか、そのあたりを理解してもらうことがスタート地点かもしれないですね。

例えば「お子さんの将来をお母さんはどう考える?」「うちの子はスポーツが得意で、そっちの方向を考えているの」「じゃあ大学はどうする?　必要なお金はどうしようか」という話になって「今から貯められるように、お子さんも含めて一緒に考えようか」といった話にもっていけることもあるから、特に母親ときちんと話すことは大事だと思います。

親が耳を傾けてくれないと、話が進まないですよね。

子どもが関わる七十八条の問題とはＣＷと親との関係、ＣＷと子どもの関係が課題なのかもしれません。もしかしたら親は、ＣＷが子どもに「保護を受けているんだから働かないと」など厳しいことを言うのでは……と不安を抱いて会わせたがらないのかもしれない。そういう不安を取り除きつつ、生活保護制度に進学や就職など高校生に対する選択肢があることを伝え、その選択肢を見えやすくして、詳しい説明はＣＷが本人にしますよ、という方向にもっていけるといいですね。

子どもの収入申告のことも、そういう話とセットで伝えられますね。

ええ。特に高校生については、その流れのなかで「アルバイトしたら収入申告してね」ということを伝えられる場面はあり得ますから。となると大切なのはやはり、相手との関係性をどのくらい築けるかですね。高校生の申告漏れの話になると、七八《ナナハチ》の話が同情の話にスライドしやすい。「相手は高校生なのに」と同情を寄せるのはいいとしても、そこで止まると、議論が福祉事務所の支援のあり方という核心に届かないように思います。「申告しないと不正受給になる」ことを伝えるだけでなく、高校入学時から卒業後の進路を視野に入れながら話をするといいのかもしれませんね。

「あえて申告しない」理由はあるか

平成三十年の実施要領の改正で「就労や早期の保護脱却に資する経費」に受験料も加わりましたね。これまでにこうした経費の制度を適用して、アルバイト収入を高校生が貯めていた例などはありましたか?

あります。将来の計画をきちんと考えて、就職に必要な運転免許費用を貯めていた子もいました。収入申告すれば控除もできますから。

運転免許の費用を貯めてもいいし、大学等に進学したい子は受験料や入学金などの費用を貯めればいい。そうすると、きちんと説明を受けていれば、あえて収入申告しない理由というのは、ほぼなくなりますよね。

ええ、そうなんです。でも母子家庭の場合、母親が子どもの署名をしてしまったりすることも……。だから子どもの申告漏れのケース会議では、CWがその子の生活実態をどのくらい把握できているかも議論します。たとえ担当CWが七八になると言っても、よく話を聞いてみると本人と全然話ができていないときは「今回はきちんと説明して、また申告漏れが出たら、次は七八だね」と、一度は六三になることもあります。

平成三十年四月に、先ほどの課長通知で、なお書きが追加されました（一一七頁資料1参照）。そのなかで世帯主または世帯員の病状や家庭環境などの事情によって結果的に適正に収入申告されなかった場合も想定されています。そういう場合は、通知で示された確認書が被保護世帯から提出され、かつ収入申告と課税調査の結果が違っていても、不正受給の意思の確認が難しい場合は、六三の余地もあるといったことが新たに記されましたね。

この確認書はCWから説明を受け、内容を理解したことの確認書です。親には説明しても、子どもに説明していないのなら子どもは内容を理解したとはいえず、確認書に子どもの署名

押印があっても、それで「不正の意図」があったといえるかは疑問です。

申告漏れを防ぐ、丁寧な説明を

不正受給は罰せられるべきことです。でも、相手は本当に不正受給だとわかっていたのか。七月号では「一条さん」の事例として紹介しましたが、障害のある人についても、この点で疑問が残る場合が多い気がします。

明らかに障害があると見受けられたのですが、実は裏で競馬の予想屋をして収入を得ていた人はいました。

社会不安障害で障害者手帳を持ち、就労と退職を繰り返していた人が、数年無就労状態だった。ところが課税調査で数千円の研修手当が出てきた。本人は「ばつが悪くて福祉事務所に言えなかった」と。数千円……。申告義務は知っていたが、ばつが悪くて言い出せなかった社会不安障害のこの人の場合も、不正受給と言うのでしょうか。

確認書を書いていただく時、何となく署名、押印をしてもらっていることってありませんか？ 特に障害のある方の場合などで。

はい。そういう意味では、絶対に理解していると言い切れないかも。

でも、障害のある人だから不正受給はない、とは言えない。

ええ。病状調査で稼働能力なしの判断を受けていた障害のある人が実は働いていた、ということは私もありました。これもやっぱり説明をきちんとしないといけないですね。たとえ働いていないだろうと思っても、それはこちら側の思い込みかもしれないし、説明義務の大切さをここでも感じます。

高齢者の方にも同じことが言えますね。七十歳を超えていても実はちょっと働いていて収入があったとか。

障害のある人も高齢者も、本人は社会参加したくて働いていたかもしれない。就労を支援として考え、支援の前提としての説明を丁寧に行うことがやはり重要です。

　高校生の場合と同じで、誰に対しても理解を得られるよう丁寧に説明し、誤解や申告漏れを防ぐ工夫が必要ですね。

summer
その14

返還決定額の判断

熱中症にご注意

暑い日が続きます。ケースワーカー（以下「CW」）の皆さん、家庭訪問大変ですね。また、被保護者の方も暑さがこたえている方が多いかもしれません。

筆者の経験ですが、いつも不在の多い被保護者に事情を聴いたところ、「暑くて自宅にはいられない」と言います。エアコンがあるのだから使えばよいのに言ったところ「電気代が心配なのでできるだけ使用せず、日中は図書館や公共施設で涼んでいる」とのことでした。暑さ対策にはエアコンの有無だけでなく、光熱費の問題があることを改めて感じました。

冬の寒さもつらいですが、夏季は熱中症があるので危険です。被保護者が無事に夏を過ごせるよう気にかけるとともに、CWの皆さんも、しっかり水分補給して健康に注意してくださいね。

生活保護費の返還と法第六十三条

生活保護費の返還には、生活保護法第六十三条、第七十七条、第七十八条と地方自治法施行令を根拠とした戻入があります。

法第七十七条は扶養義務者からの費用徴収規定で、あまり例は多くないように思います。法第七十八条は不正受給した保護費の徴収規定です。法第戻入の場合は扶助費の額を遡及変更し過払い分を戻入するもので、CWにとって日常的に行われている処理ではないでしょうか（この遡及変更の限度は三か月程度とされています）。

法第六十三条は「**被保護者が、急迫の場合等において資力があるにもかかわらず、保護を受けたときは、保護に要する費用を支弁した都道府県又**

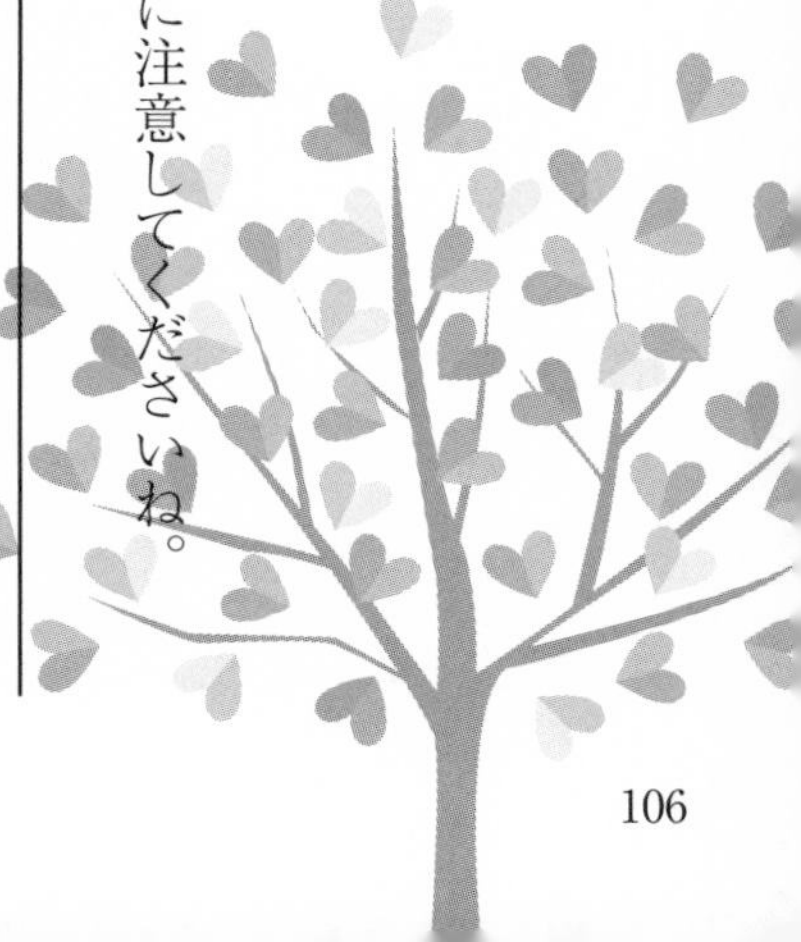

は市町村に対して、すみやかに、その受けた保護金品に相当する金額の範囲内において保護の実施機関の定める額を返還しなければならない」（傍点筆者）とされています。

法第六十三条の適用場面について、生活保護法制定時の保護課長の解説では「本来受けるべきでなかった保護金品を得たときの返還義務の規定」と説明し、「急迫の場合等」の「等」については「調査不十分のため資力あるにかかわらず、資力無と誤認して保護を決定した場合或いは保護の実施機関が保護の程度の決定を過って、不当に高額の決定をした場合」と説明されています。[※1]

つまり資力があるのに保護した場合を前提としていますが、返還の理由はそれだけではなくさまざまな場面で適用される条文なのです。

また「保護金品に相当する金額の範囲内において保護の実施機関の定める額を返還しなければならない」とされていることから、実施機関（福祉事務所のことです）は返還額をいくらとするのかも問題になるところです。

このことについて解説では「全額を返還させることが不可能、或いは不適当である場合もあろうから、額の決定を被保護者の状況を知悉しうる保護の実施機関に委ねたものである」[※2]と述べており、実態として返還をさせないこと（この場合は返還額ゼロ円）も認められているのです。そこで、実際にはCWがこの判断を行うことが多いように思います。

※1　小山進次郎『改訂増補生活保護法の解釈と運用』（中央社会福祉協議会、一九五〇年）六四九～六五〇頁
※2　小山進次郎『改訂増補生活保護法の解釈と運用』（中央社会福祉協議会、一九五〇年）六五〇頁

事例

法第六十三条の返還決定の対象となった飯富さんと小山田さんの返還金額

あなたの担当している飯富さんが来所して、老齢年金が受給できるようになったと報告をしてくれました。

数か月前に飯富さん宅を家庭訪問した時に、あなたが「場合によっては年金がもらえるかもしれませんよ。調べてみましょうか」と話した際に、飯富さんから「自分のことはできるだけ自分でやるようにします。もし、受給できるようになった

ら報告します」と言われていたものでした。

飯富さんは自分で手続きをすすめ、振り込まれた直後に報告に来てくれました。あなたは飯富さんに収入認定の説明をします。保護基準に満たない年金額ですので保護は継続です。飯富さんは収入認定を理解してくれたようです。

ただ、十数万円の遡及分については法第六十三条で全額返還してもらう旨の説明をしたところ、飯富さんから「クーラーの購入費用にできないでしょうか。昨年も暑さで体調が悪くなり、今年も不安で仕方ない」「毎月の保護費ではクーラー購入費はとても工面できない」と訴えられました。

確かに、昨年飯富さんは自宅で熱中症になり救急搬送されていますし、飯富さんのアパートの部屋は暑く、扇風機では厳しいとは思っていたところでした。その場では、早く結論を出すので年金を使わないように話したところ、飯富さんは承知してくれました。

さっそく、ベテランCWの板垣さんに相談をします。板垣さんは「年金の遡及受給か……。ケース診断会議で検討しなくてはいけないいけれど……」と、何となく歯切れが悪いようです。

横から同期のCWの穴山君が「六十三条ですか、僕も困っているんだよ」と話に加わりますが、元気がないようです。

穴山君によると、昨年保護開始になり今年度より担当となった母子家庭の小山田さんについて、開始時から児童扶養手当の収入認定を漏らしていたことが最近わかったそうです。調べたところ、小山田さんは保護申請時に児童扶養手当をきちんと申告し、振り込まれている銀行通帳や関連書類も提出していました。

前担当者は今年の春に異動しており、穴山君が電話で聞いたところ「うっかりしていた」と謝っていたそうです。

穴山君は小山田さんに連絡を取り、児童扶養手当を収入認定することを説明したところ了解してもらえました。しかし、認定漏れの児童扶養手当をさかのぼって法第六十三条により返還することについては「振り込まれた保護費は正しい金額と思い、生活費に使ってしまった。役所の間違いなのに返還は納得できない」と言っているそうです。分割で返してもらえないか聞いたところ、小山田さんは「子どもの進学もありとても余裕はない。CWに責任はないのですか」と怒られてしまいました。

穴山君は「こちらの間違いだから小山田さんの言い分もわかるけど……。月百円の分割返還とかでもダメかな……、どうすればいいんだろう」と弱気です。また、「僕のミスではないけど、僕が処理しないと仕方ないしなぁ」と言います。穴山君、かなりストレスのようです。

査察指導員(以下「SV」)に相談したところ、「二つの事案とも法第六十三条についてはケース診断会議で検討したほうがいいね。ただ、『かわいそう』とか『困った』では会議にならないから、妥当な着地点を考えて、その根拠をしっかりと説明できるようにしてみてよ」と言って、厚生労働省の関係資料を示してくれました。

法第六十三条の返還額の判断

飯富さんの遡及受給の年金、小山田さんの過誤払い金、ともに法第六十三条の対象であることは間違いないようです。すると、返還額が問題になります。

別冊問答集[※3]では、原則として当該資力を限度として支給した保護金品の全額を返還すべきである、としながらも「しかしながら、保護金品の全額を返還額とすることが当該世帯の自立を著しく阻害すると認められるような場合については、次の範囲においてそれぞれの額を本来の要返還額から控除して返還額を決定する取扱いとして差し支えない」として、アからオまでの記述があります。そのうえで「次第8の3の(5)に該当する必要経費については、当該収入から必要最小限度の額を控除できるものである。」「当該収入が、次第8の3の(3)に該当するものにあっては、課第8の40の認定基準に基づき実施機関が認めた額」などの記述もあり、生活保護手帳のページを何か所もめくる必要があり、なかなか複雑です(ちなみに、次第8の3の(5)は『生活保護手帳二〇一七』の三六〇〜

三六一ページ、次第8の3の(3)は三四一〜三四四ページ、課第8の40は三四九〜三五一ページにあります)。

穴山君は「法第六十三条からの返還金の控除ってアッチコッチ見ないといけないんだ」と戦意喪失に陥り始めています。すると、先輩CWの甘利さんが「CWは保護手帳を丁寧に読まないとね」と追い打ちをかけます。

また「生活保護行政を適正に運営するための手引きについて」[※4]では、原則として全額を返還額とすべきであるが、「こうした取扱いを行うことが当該世帯の自立を著しく阻害すると認められるような場合については、実施要領等に定める範囲においてそれぞれの額を本来の要返還額から控除して返還額と決定する取扱いとして差し支えないこととしているので、ケースの実態を的確に把握し、場合によってはケース診断会議を活用したうえ、必要な措置を講じる。」「認定に当たっての保護の実施機関の判断を明確にしておくことが必要である」としています。

これらからは、被保護者の状況によっては返還金から控除することも認められているようです。

そこで、この手引きが述べている別の通知「生活保護費の費用返還及び費用徴収決定の取扱いについて」[※5]をみてみます。

「法第63条に基づく費用返還については、原則、全額を返還対象とすること。ただし、全額を返還対象とすることによって当該被保護世帯の自立が著しく阻害されると認められる場合は、次に定める範囲の額を返還額から控除して差し支えない。」としたうえで、「なお、返還額から控除する額の認定に当たっては、認定に当たっての保護の実施機関の判断を明確にする」ことが指示され、厚労省の示した様式の活用が示されています。

遡及年金の扱いについては次のように通知されています。

「年金を遡及して受給した場合の返還金から自立更生費等を控除することについては、定期的に支給される年金の受給額の全額が収入認定されることとの公平性を考慮すると」「厳格に対応することが求められる。そのため、遡及して受給した年金収入については、次のように取扱うこと。

(ア) 保護の実施機関は、被保護世帯が年金の裁定請求を行うに当たり遡及して年金を受給した場合は、以下の取扱いを説明しておくこと。
①資力の発生時点によっては法第63条に基づく費用返還の必要が生じること
②当該費用返還額は原則として全額となること
③真にやむを得ない理由により控除を認める場合があるが、事前に保護の実施機関に相談することが必要であり、事後の相談は、傷病や疾病などの健康上の理由や災害など本人の責めによらないやむを得ない事由がない限り認められないこと
（イ）原則として遡及受給した年金収入は全額返還対象となるとした趣旨を踏まえ、当該世帯から事前に相談のあった、真にやむを得ない理由により控除する費用については、保護の実施機関として慎重に必要性を検討すること」

※3 『生活保護手帳別冊問答集二〇一七』（中央法規出版、二〇一七年）四一〇～四一一頁
※4 『生活保護手帳二〇一七』（中央法規出版、二〇一七年）六一三頁以下。法第六十三条については六四五～六四六頁
※5 『平成二十九年度版生活保護関係法令通知集』（中央法規出版、二〇一七年）五九三～六〇二頁

これらを見ると、法第六十三条の返還金の控除は、自立が著しく阻害される場合は認められる余地があることがわかります。また、年金遡及受給の場合についての控除はより厳しい縛りがありますが、真にやむを得ない理由の場合は福祉事務所での慎重な検討によっては認められることもわかりました。

板垣さんが「返還額は福祉事務所の定める額とされているのだから、被保護者の実態を一番知っているCWがどう説明できるかだよ」と言い、「控除の場合と同様に控除しない場合も説明できないといけないんじゃないか」と続けます。

あなたは、飯富さんのクーラー設置費用を認めますか、認めませんか？　認める場合には「真にやむを得ない理由」をどのように説明しますか。

穴山君は小山田さんの主張に理解を示しているようですが「全額を返還対象とすることによって当該被保護世帯の自立が著しく阻害されると認められる場合」をどのように説明しますか。あるいは全額返還の場合、小山田さんには何と説明しますか。

付録3

座談会

法六十三条による返還について

池谷先生と語るベテランCW・SV座談会

年金の遡及受給による返還

生活保護費の返還決定は悩みの多いテーマですよね（事例一〇七頁参照）。例えば年金の遡及受給に関する生活保護法第六十三条の自立更生費の扱いについては、厚労省の保護課長通知[※1]（一一七頁資料2）に、ほかの返還金よりも厳格に対応すると書いてあります。これを知らないCWと、年金の遡及受給の場合は自立更生費を一切認めてはならない、と思い込んでいるCWに二極化しているのかなと感じています。

　うちのトップは、それをわかっているので、年金の遡及受給による六三《ロクサン》の自立更生費の承認のハードルは高いけれども、組織として検討することが必要だとしています。しかし検討した結果、承認しないと判断すべきというスタンスです。

検討した結果、認める場合もあるのでしょうか。

この夏の猛暑でエアコンの給付が可能になって関心が高いので、エアコンの設置費用を自立更生費として認めた事例があります。

　いろいろ議論はありましたけど、年金の遡及受給の場合はハードルが高いものの自立更生費は完全に否定されていないので、線引きがむずかしく、いつも悩んでいます。

※1　「生活保護費の費用返還及び費用徴収決定の取扱いについて」（平成24年7月23日社援保発第0723第1号　厚生労働省社会・援護局保護課長通知）

Profile

司会：池谷秀登先生
帝京平成大学現代ライフ学部教授。福祉事務所でCW、SVとして32年間勤務。

Mさん
CW・SV歴通算16年。都市部の福祉事務所に勤務。CWの担当世帯数は約110。上司も制度に精通。

Lさん
CW歴10年。地方都市の福祉事務所で45世帯を担当。上司のSVは異動したばかりでCW経験なし。

Kさん
CW・SV歴通算20年。都市部の福祉事務所を複数経験。CWの担当世帯数は平均で115世帯。

エアコンは「真にやむを得ない理由」か

この場合、エアコンを通知の「真にやむを得ない理由により控除する費用」で、「実施機関としては慎重に必要性を検討」したということですね。

そうです。通知にある通り、慎重に検討しました。

うちの事務所は、あまり自立更生の検討自体をしていないですね。特に年金の遡及受給に関する通知が出て以降は「基本的にだめ」というスタンスに変わりました。

エアコンのことですけど、うちの地域は高地なので夏でも涼しくてエアコンがない家庭が多いんです。一般の家でもついてないのに生活保護世帯につけるのか、という意見がワーカーからも結構強く出されます。

私の地域は盆地なので、夏は非常に暑いですね。CWは一歩外へ出たら猛烈に暑いので、訪問先でエアコンをきかせて待ってくれていると救われた気持ちになると、みんな言っています。

うちの事務所では年金の遡及受給での自立更生費については、診断会議で慎重な検討をして認めてきた経過がありましたが、今は基本的には認めない。

Kさんの福祉事務所で認められないのは、年金だけですか。

厳しいのは年金だけです。年金以外は認めることもありますが、診断会議はきちんと行います。

別冊問答集の記載に当てはまれば、認められると判断しています。

それは「やむを得ない用途」という判断ですね。

地域住民との均衡、社会通念上容認されるもの、自立更生のためのものということに関しては、CWの個別の判断になっていますけれども、うちの事務所では、CWが必要性が高いと認めた案件については、その意見を大事にしていますね。実態を把握しているCWが必要だと言えば、それは正しい判断だ、やむを得ないと判断できるんだということですね。

ということは、CWに問題意識がないとケース診断会議も開かれないし前向きな意見は出てこないですね。

そうです。自立更生ということに関してわからない人や無頓着なCWもいますね。そこで年に一回は、所内で「自立更生費の適用については六十三条の返還をするときにしっかり検討しなきゃいけないいんだよ」と周知しています。

六十三条の費用返還の起案には、自立更生の検討をしたことを記載する必要があります。

Lさんのところでは、年金に関しての自立更生費の検討をほとんどしないということですが、その他の事案の場合は検討はやっていますか。

一応、起案には必要経費と自立更生費の金額を書く欄はありますが、「ゼロ、ゼロ」とだけ記入しているものばかりですね。

通知や別冊問答集でも全額返還が自立を著しく阻害する場合、とされているので、その確認は必要ですし、実際に審査請求や裁判で自立更生費をまったく検討しなかったということで負けている事案もあります。そのため六十三条返還の場合、自立更生費に該当する物の購入希望はないか、ということは必ず確認していますね。

なるほど。年金遡及の事例（一〇七頁）でもエアコンは、慎重に検討して認められる可能性が高そうですね。

過誤支給の返還

次に児童扶養手当の収入認定漏れによる過誤支給の返還事例（一〇八頁）ですが、役所の間違いなのに何で返さなきゃいけないのか、と利用者から言われたら困りませんか。

それは当然言われますね。そこは、ＣＷが頭を下げるしかないです。

Ｋさんのところでは、どのように対応されていますか。

私がＣＷだった頃は、それは事務所の誤りだから返還させるべきではない、という考えもかなりありました。しかし事務所が間違ったにせよ、その期間は最低生活を上回る生活をしたのだから、その分は返してもらうんだという理屈が今は浸透してきましたね。

ただ、手元にお金が残っていれば、わりと素直に返してもらえますが、使ってしまった場合は困ります。毎月、少額でも返してもらえる金額を返してもらうようにしています。

うちのＣＷの担当は平均すると五十を切る程度なので、過誤はほとんどありません。ちょくちょく訪問に行けるので皆さんのところよりは、何らかの収入があったり、何かあると早めにキャッチできるチャンスが多い気がしますね。

確かに受け持ち世帯数の多寡は大きく影響しますよね。それにしても過誤支給を返還してもらう言い訳は苦しいですよね。

追加支給は三か月しか遡及しないのに[※2]、過誤支給は五年さかのぼるのかと。ＣＷは、その説明ができなくて苦労していますね。

「返せ」と言われても、決定通知に書いてある金額が振り込まれているわけだから、利用者は正しい保護費と思い使いますからね。

日常生活に使ったのは自立更生に使ったのではないからだめと、福祉事務所が主張しても、一定の生活費についても自立更生費に該当するとの解釈は可能であるとした裁判例もあります。

つまり、別冊問答集に記載されているのが根拠ということですね。

六十三条の条文を見ると、自立更生費という文言はありませんよね。自立更生というのは行政内部の論理ですから。ただ、返還決定したものである以上、過誤払い分であっても返してもらうのは当然と考えると、児童扶養手当の認定漏れ（一〇八頁）も返していただくことになるのでしょうか。

そうなりますね。でも、返還決定が出ていても「返しません」と言う人もいました。

そうは言っても過誤支給されていた間、いい暮らしをしていたじゃないかと、私のまわりのCWは思っています。だからそれが算定誤りであれ何であれ、返してもらって当然でしょうみたいなところがあります。

それはそういう言い方をする人はいますね、確かに。

でも、それは役所の誤りで生じた「いい暮らし」であって、本人に責任はないように思いますが……。

算定誤りであったことをおわびして返してもらいます。

CWが算定誤りしたのを利用者に「返せ」と言うのはおかしい、という議論についてはどう考えればいいのでしょうか。返還により基準以下の生活が強いられることで、役所やCW個人の責任が追及されることも生じるのでしょうか。

　扶助費算定の誤りが依然として多いので、このような議論が絶えないのだと思います。

そうなれば当然、「過誤なんか起こすな」という声が強くなります。でも、特に都市部のCWは担当世帯も多く、注意してもミスは生じてしまいます。

世帯数が少なくても町村合併でエリアが広いと、訪問も大変ですよ。だから、自治体ごとに業務実態から定数を考えてもいいのでは、と思いますね。

過誤支給は役所のミスだし自立更生費の検討の裁判例もあるので、容易に結論が出るかと思いましたが、一概に結論づけるのがむずかしいですね。今回の改正にある保護費を返還金に充てる対象から過誤払いを外していることもあり、今後議論を深めていくことで、さらに動きが出てくるかもしれませんね。

※2　保護費の追加支給は二〇二〇年度より一定の条件の下で、発見月から前五年間を限度として追加支給できることとされました。

【通知】「生活保護費の費用返還及び費用徴収決定の取扱いについて」

（平成24 年７月23日社援保発0723第１号　厚生労働省社会・援護局保護課長通知）（抄）

資料１

２　法第78条に基づく費用徴収決定について

平成30年４月に下線部を追加

（１）（略）

（２）収入申告を求める際の留意点

（略）また、世帯主が世帯員の就労について関知していなかった、就労していた世帯員本人も申告の義務を承知していなかった、保護の実施機関も保護開始時にのみ収入申告書の提出の義務を説明しただけであり、当該被保護世帯の子が高校生になった際に就労収入の申告の義務について説明を怠っていた等の理由により、法第63条を適用せざるを得ないという判断がなされている実態が見受けられる。

そのため、別添２の様式によって、収入申告の義務について説明を行う際、世帯主以外に稼働年齢層の世帯員（高校生等未成年を含む）がいる世帯については、当該世帯員本人の自書による署名等の記載を求めること。この際、別葉とするか同一様式内に世帯員の署名欄等を設けるかは自治体の判断で対応されたい。

さらに、保護開始世帯については、世帯主及び稼働年齢層の世帯員に対し収入申告の義務について開始時に説明することとし、既に受給中の世帯については稼働年齢層の者がいる世帯への訪問時等に改めて収入申告の義務について説明するとともに、別添２の様式を活用されたい。その際、基礎控除等の勤労控除及び高等学校等就学者における就労や早期の保護脱却に資する経費等の収入認定除外についても説明すること。

なお、世帯主及び世帯員の病状や当該被保護世帯の家庭環境その他の事情により、世帯主や世帯員において収入申告義務についての理解又は了知が極めて困難であり、結果として適正に収入申告がなされなかったことについてやむを得ない場合があることも考えられるところである。よって、別添２の様式が提出され、かつ、提出された収入申告書と課税調査等の結果が相違している状況であっても、不正受給の意思の有無の確認に当たっては、世帯主及び世帯員の病状や当該被保護世帯の家庭環境等も考慮することとし、その上で、法第78条に基づく費用徴収を適用するか、法第63条に基づく費用返還を適用するかを決定されたい。また、このような場合において法第63条に基づく費用返還を適用する際は、同時に、世帯主及び世帯員の全員に対して改めて収入申告義務について丁寧に説明し、必要に応じて指導指示を行うとともに、特に収入申告義務の了知が極めて困難な場合に法第63条に基づく費用返還を適用した場合にあっては、同時に当該収入を得た者に対して直接収入申告義務について説明し、以降、適正に収入申告がなされなかった場合は法第78条に基づく費用徴収を適用すること。

資料２

１　法第63条に基づく費用返還の取扱いについて

（１）　略

（２）　遡及して受給した年金収入にかかる自立更生費の取扱いについて

年金を遡及して受給した場合の返還金から自立更生費等を控除することについては、定期的に支給される年金の受給額の全額が収入認定されることとの公平性を考慮すると、上記（１）と同様の考え方で自立更生費等を控除するのではなく、厳格に対応することが求められる。

そのため遡及して受給した年金収入については、次のように取扱うこと。

（ア）　保護の実施機関は、被保護世帯が年金の裁定請求を行うに当たり遡及して年金を受給した場合は、以下の取扱いを説明しておくこと。

①資力の発生時点によっては法第63条に基づく費用返還の必要が生じること

②当該費用返還額は原則として全額となること

③真にやむを得ない理由により控除を認める場合があるが、事前に保護の実施機関に相談することが必要であり、事後の相談は、傷病や疾病などの健康上の理由や災害など本人の責めによらないやむを得ない事由がない限り認められないこと

（イ）　原則として遡及受給した年金収入は全額返還対象となるとした趣旨を踏まえ、当該世帯から事前に相談のあった、真にやむを得ない理由により控除する費用については、保護の実施機関として慎重に必要性を検討すること。

（ウ）　資力の発生時点は、年金受給権発生日であり、裁定請求日又は年金受給日ではないことに留意すること。また、年金受給権発生日が保護開始前となる場合、返還額決定の対象を開始時以降の支払月と対応する遡及分の年金額に限定するのではなく、既に支給した保護費の額の範囲内で受給額の全額を対象とすること。

autumn
その15

高校生の運転免許取得費

夏が終わると……

今年の夏の暑さは特別でしたが、九月になり地域によっては涼しい風も吹き始めているようです。ケースワーカー（以下「CW」）の皆さんの地域はいかがでしょうか。日本は広いので、「まだ暑いよ！」と大きな声で主張したいCWの方もいるかもしれませんが、あと少しの辛抱です。

また、夏休みはとることはできましたか？　まだとれていない方は、お休みを取って今年度後半戦へ向けてリフレッシュしてくださいね。

この時期になると、子どもたちの進路の検討が始まります。中学生であれば高等学校等への進学に向けて、進路先と共に費用等についての具体的な検討が必要になります。子どもには勉強をがんばってもらいたいところですが、費用の問題は子どもの努力では解決できませんし、そこは大人たちが考えるところだと思います。

高校進学は子どもの学力の問題があるとはいえ、多少勉強が苦手な子どもでも多くの家庭では私立も含めて高校進学ができています。しかし、経済的に厳しい被保護世帯ではその選択肢が限られます。

平成十七年度から生業扶助による高等学校就学費が支給されるようになりました。筆者はこの実施要領改正で支給が具体化した時にホッとしたことを今でも覚えています。それまでは、高校進学の費用は生活扶助のなかから工面しなくてはならず、貸し付け等の利用をしてもかなり大変でした。

その子の将来を見すえたときに、高校に進学できるか否かは大きな分岐点になると思います。しかし、子どもの学力や経済問題のほかにも、場合によっては親の生活上の課題や無理解が進学を妨げている場合もあるかもしれません。これらは家

庭内だけで解決することは難しいと思います。

ここはCWの出番ではないでしょうか。高校進学の支援、お願いしますね。

それでは、高校卒業後の進学はどうでしょうか。生活保護法の改正が平成三十年六月より施行されたことにともない、改正後の法第五十五条の五第一項に基づき、被保護世帯の子どもで大学に進学した者に対して、進学準備給付金（自宅外生は三十万円、自宅生は十万円）が支給されることになりました。[※1]このように、高校卒業後の進学への施策が進みつつあるように思われますが、一方で、高校卒業後の進学にあたっての世帯分離の議論は残っているように思われます。

※1　平成三十年六月八日社援発〇六〇八第六号厚生労働省社会・援護局長通知「生活保護法による進学準備金給付金の支給について」

事例

高校卒業後の進路を考える高坂さん

母子家庭の高坂さんは高校三年生の長男を筆頭に三人の子どもがいます。長男は学業成績も良く、クラブ活動にも熱心なようです。

進路希望を高坂さんに聞いたところ、高坂さんは「長男は大学進学を希望しており学校からも薦められている」「親としても進学させたいが、経済的なことや、生活保護での扱いがどうなるかが心配」とのことでした。

そこで日を改めて、高坂さんと長男に大学進学は可能であるが学費等は支給できないこと、世帯分離になること、長男の高校在学時のアルバイト収入は大学に就学する際の必要費用にできること等を説明しました。長男は進学希望が強いようです。

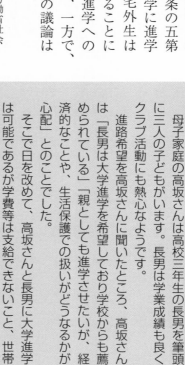

しばらく経ったある日、高坂さんと長男が福祉事務所に来所しました。

長男によると、奨学金やアルバイトで進学をしても世帯分離されると四人家族で三人分の保護費となるため、生活面とともに弟や妹の今後の進学を考えると厳しい。そのため大学進学は諦めたとのことです。

あなたは、少し複雑な気持ちになりますが「就職ですか」と確認します。長男はうなずきます。そこで、あなたは「就労支援など応援するので、心配なことがあったら遠慮なく言ってくださいね」と伝えます。

とりあえず、長男は学校と相談しながら就活をするそうです。

その後、長男の担任の先生から連絡がありました。先生によると、長男はまじめで向学心があることから、働きながら専門学校や大学に通学させてくれる制度のあるX社を高校で推薦することを考えており、長男も強く希望しているそうです。

ただし、推薦条件は就職時に自動車運転免許を所持していることなので、運転免許費用を支給してもらえないか、ということでした。

あなたが「所内で検討して回答します」と答えると「推薦期限があるので早めにお願いします」と返ってきました。


〈係内での相談〉


あなたは三年めのCW甘利さんに相談します。

甘利さんは「生業扶助の技能修得費に自動車運転免許取得があったと思うけど、金額が金額だけに簡単ではないんじゃないの」と言います。

横から、同期のCW穴山君が「運転免許がいらない会社に就職すればいいんだよ。大体自動車って、保有容認できるのかい。ほかにも就職先はあるはずだよ」と言います。

厳しい意見が続き、あなたはだんだん心細くなってきます。

査察指導員（以下「SV」）に相談をします。

SVは「自動車保有と運転免許取得とは次元が違うね」「ただ運転免許取得費用は高額だし、技能

修得費の要件やほかの手段があるか考えてよ。長男を応援したい心情はわかるが、心情で扶助費の支給はできないから、きちんと根拠を探してみて」と言われました。

いつもみたいに通知や生活保護手帳の該当箇所は教えてくれないようです（少しガッカリします）。その様子を見て甘利さんが「該当箇所を保護手帳から発掘するのもCWの仕事よ。ダイヤモンドが見つかるといいね」と言ってくれます。そこで、生活保護手帳や別冊問答集から適用できそうな項目を探してみます。

自動車運転免許取得に関わる技能修得費、収入認定除外

自動車運転免許を取得する場合の費用は、生業扶助の技能修得費が適用できそうです。

生活保護手帳では、技能修得費の基準額は七万八千円以内ですが、これによりがたい場合であってやむを得ない事情があると認められるときは、十三万一千円以内の範囲において特別基準の設定があったものとして、必要な額を認定できます。

さらに、自立支援プログラムに基づき、一年間のうちに複数回の技能修得費を必要とする場合は、年額二十万九千円の範囲内において特別基準の設定があったものとして、必要な額を認定して差しつかえないこととされています。

自動車運転免許取得については、局第7の8の（2）のアの（キ）に次の記述を見つけました。※2

13万1千円による限度額を超えて費用を必要とする場合であって、次のいずれかに該当するときは、38万円の範囲内において特別基準の設定があったものとして取り扱って差しつかえないこと。

この場合、給付にあたっては、必要と認められる最小限度の額を確認の上、その都度分割して給付するものとすること。

a　生計の維持に役立つ生業に就くために専修学校又は各種学校において技能を修得する場合であって、当該世帯の自立助長に資することが確実に見込まれる場合

b　自動車運転免許を取得する場合（免許の取得が雇用の条件となっている等確実に就労するために必要な場合に限る。）

自動車運転免許取得の部分を見つけましたが、カッコ書きが少し気になります。そこで、別冊問答集を探してみるとタイトルが「問7－155　高等学校等就学中の者が資格検定費用等を要する場合」という箇所がありました。[※3]

問　高等学校就学中の被保護者が、資格検定試験を受ける場合及び自動車運転免許を取得する場合、技能習得費を支給してよいか。

答（前略）高等学校在学中に卒業後の就職先が内定した者が、内定先での就労にあたって自動車運転免許が確実に必要な場合に限り、局第7の8の（2）のアの（キ）のbに基づき、自動車運転免許を取得する費用を支給して差し支えない。

ここでは、「自動車運転免許が確実に必要な場合に限り」とされていますが、保護手帳の「免許の取得が雇用の条件となっている等確実に就労するために必要な場合に限る」とは少し違うようです。もう少し保護手帳を見てみると、収入の認定除外に関連する項目があります。

そこでは高校生の収入のうち、「就労や早期の保護脱却に資する経費にあてられることを保護の実施機関が認めた場合において、これに必要な最小限度の額」は認定除外できるようです。

問第8の58－2[※4]　「次官通知第8の3の（3）のクの（イ）にいう「就労や早期の保護脱却に資する経費」を認定する場合の取扱いを具体的に示されたい。

答　高等学校等で就学しながら保護を受けることができるものとされた者が就労することは、学業に支障のない範囲での就労にとどめるよう留意する必要があるが、次のいずれにも該当する場合には」、就労や早期の保護脱却に資する経費にあてられることを保護の実施機関が認めた場合「当該被保護者の就労や早期の生活保護からの脱却に資する経費を収入として認定しないこととし、また、経費の内容及び金額によって、一定期間同様の取扱いを必要とするときは、その取扱いを認めて差しつかえない。」

「2　次のいずれかに該当し、かつ、当該経費の内容や金額が、具体的かつ明確になっていること。

（1）自動車運転免許等の就労に資する技能を修得する経費（技能修得費の給付対象となるものを

除く〉」

※2『生活保護手帳二〇一七年度版』（中央法規出版、二〇一七年）三一四～三一五頁
※3『生活保護手帳別冊問答集二〇一七』（中央法規出版、二〇一七年）二七三頁
※4『生活保護手帳二〇一七年度版』（中央法規出版、二〇一七年）三四二～三四三頁

〈応援したい気持ちで議論が白熱〉

あなたは、自動車運転免許取得に関わる根拠をいろいろと発掘してきました（少し得意です）。どの箇所を高坂さんの長男に適用させるとよいでしょうか。

生活保護手帳の技能修得費特別基準について、穴山君は「長男の場合雇用の条件ではなく学校推薦の条件にすぎないのではないかな。この場合でも認められるのかい」と言います。甘利さんは「過去の実績から事実上学校から推薦されたら就職できているのだから、学校の推薦を『免許の取得が雇用の条件』と考えられないかしら」と言います。

先輩CWの三枝さんは「別冊問答集問7－155のほうが良いのではないか。推薦条件にあるということは就労にあたって自動車運転免許証が確実に必要なのだからここに該当すると思うよ」と言います。甘利さんが「まだ内定していない段階よ」と反論します。すると三枝さんは「内定したら費用は支給すると約束して推薦してもらい、内定が出てから春休みにでも教習所に行けばいいじゃないか」と三枝さんらしい発言をします。

穴山君が「バイト収入からの認定除外もあるかもしれないよ。長男にアルバイトしてもらい、教習所の費用を控除して貯めるという方法もあるよ。基礎控除と未成年控除を含めるとかなり余裕が出るんじゃないか」と言います。三枝さんが「今から高校生のバイトで貯められるかな。それに『技能修得費の給付対象を除く』とあるからどうだろう」と疑問を投げます。すると穴山君は「技能修得費の給付対象を除く、とあるならば就職希望のほかの高校生にもこの方法で運転免許を取ってもらうのもアリだな」と言います。

議論は伯仲しますが、どのCWにも高坂さんの長男を応援したいという気持ちがあるとわかり、少しうれしく思います。

あなたは、長男の自動車運転免許取得費用をどう扱いますか。支給はできますか、できませんか。支給するならばどのような根拠と理由で支給しますか。

付録4
座談会

高校生の運転免許取得費について

池谷先生と語るベテランCW・SV座談会

高校生の運転免許取得費

高校生の運転免許取得費（事例一一九頁参照）について、どのようにお考えですか。

私の地元では十八歳になると、ほぼ全員が自動車免許を取ります。そのため高校生なら当然、技能修得費で免許取得費をみています。

事例のような経験はありませんが、内定書が条件になっていますね。さらに、支給して実際に就職して賃金を申告してもらえる、そして保護費が減額になるということがわかっている世帯に限定する方針をとっています。

私の地域は、そもそも高校生が少ないので、免許の取得の申請はないのですが、バイトで教習所に通うお金の積み立てを始めている子はいました。

東京のように公共交通機関が多いと、自動車の運転免許取得にかかわることが少ないようです。私も福祉事務所で働いていたときに、免許取得で技能修得費を出すという経験があまりなかったと記憶しています。地域の事情によりかなり異なるようですね。

家計の支援か世帯分離か

現在では高校進学支援は一般化しました。ただ、入れることの論議は活発ですが、入るのが目的じゃないですよね。

Profile

司会：池谷秀登先生
帝京平成大学現代ライフ学部教授。福祉事務所でCW、SVとして32年間勤務。

Mさん
CW・SV歴通算16年。都市部の福祉事務所に勤務。CWの担当世帯数は約110。上司も制度に精通。

Lさん
CW歴10年。地方都市の福祉事務所で45世帯を担当。上司のSVは異動したばかりでCW経験なし。

Kさん
CW・SV歴通算20年。都市部の福祉事務所を複数経験。CWの担当世帯数は平均で115世帯。

そうですね。高校を出ることが最終目的です。

高校を出たあとは大学か、専門学校か、就職かというのは、本人の考えによるものです。場合によっては福祉事務所も、家庭・本人と相談をすべきです。今回の法改正で大学等への進学の一時金が出せるようになりました。これは前進だけど、世帯分離の問題がクリアしていないからだめだという意見があります。僕は一理あると思うんですけれども、世帯分離をやめた場合、世帯内就学になりますよね。そうすると、大学生の稼働収入の控除をどこまで認めるのか、単身の大学生の扱い等が次の問題になります。

高校に入学することは確かに大切ですが、入学したらほっとしてしまっている現状は、ないでしょうか。これまで、卒業したあとのことを議論することが不十分だったと思います。

かつては高校生が卒業して就職したら、家に残って家計を支えるべきと主張されてきました。今はその子の人生であり、家を出て自分の人生を選択していいんだよというところをどんどん言っていこうというふうに意識が変わってきましたね。

世帯に残って就職で申告をしてもらう場合もありますが、ほとんどの場合は自立のための世帯分離を進めていますね。一年以内に転出をしてもらうということを条件に分離をしましょうと。

皆さんのお話を聞いて、保護世帯の高校生が自動車運転免許を取得することがそんなに困難なことではないことがわかりました。ただ、就職した場合の世帯分離の問題については、自立の理解の仕方で若干の意見の食い違いが生じることがあるかもしれませんね。

winter
その16

指導監査などについて

池谷先生と語るベテランCW・SV座談会

指導監査で感じること

ここまで「その12」から「その15」までの四回で紹介した事例に関係して座談会を進めてきました。最後に国や都道府県による指導監査（以下「監査」）について話題にしたいと思います。

これまでお話しいただいたような生活保護法第六十三条や七十八条を適用する基準について、監査とはどのような関係がありますか。

「監査で指摘されたから……」と機械的に費用徴収を行うことはありますね。

監査を受けることをかなり意識されていますか。

特に管理職は意識していますね。監査と同じくらい審査請求も意識しますけど（笑）。

国の監査と都道府県の監査を比べると、どのようにお感じですか。

国のほうが厳しいように思います。もちろん、監査官の雰囲気とか言い方によると思いますが、全体的に国の監査のほうが厳しいイメージがあります。

Profile

司会：池谷秀登先生
帝京平成大学現代ライフ学部教授。福祉事務所でCW、SVとして32年間勤務。

Mさん
CW・SV歴通算16年。都市部の福祉事務所に勤務。CWの担当世帯数は約110。上司も制度に精通。

Lさん
CW歴10年。地方都市の福祉事務所で45世帯を担当。上司のSVは異動したばかりでCW経験なし。

Kさん
CW・SV歴通算20年。都市部の福祉事務所を複数経験。CWの担当世帯数は平均で115世帯。

私の感覚だと、監査を受ける福祉事務所のほうが必要以上に反応しているような感じがしていますが、そうではないのですか。

確かに課長やSVは緊張していることが多いですが、CWのなかには、監査なんて全然気にしていない人がいます。

本当ですか。うちの福祉事務所では考えにくいですね。Kさんのところは大きな市でたくさんCWがいらっしゃるから、なかにはそんな人もいるということですか。

確かに私の市では福祉事務所が何か所もあって人口も多いので、CWもかなりの人数になりますね。

規模の違いがあるので単純に比較できませんが、監査の指摘内容もいろいろですよね。たぶん規模の小さな福祉事務所ほど通知どおりに生活保護業務ができていない場合が多いと思われるので、監査ではものすごく基本的なところを指摘されていることが多いと思いますね。

ところが指定都市は国の監査が毎年入るので、年々、監査で指摘されるレベルが高くなっているイメージがあります。昔は基本的な指摘だったけど、それはもうクリアされてしまっているため、より高度な指摘が行われているのではないかと思います。

私の福祉事務所の場合ですが、県の監査はわりとていねいに行われているという印象です。SVが一年ごとに代わっているので、ちょっとやさしくしてくれているのかな、と感じるところもありますね。

指摘を受けても「ああ、やっぱり」と納得できることが多いですね。

CWをほめてほしい

CWとのケース検討の場合、監査官は個別台帳をしっかり見ていろいろ指摘します。あれほどケース記録をじっくり見ていれば指摘する箇所に加えて、ほめるべき所が必ず一つはあると思います。「字がきれいですね」でもいいから、何かほめてもらわないとCWは指摘されるだけで、監査が嫌なものになってしまいます。そこで監査官に「ほめてください」と毎回お願いしていますが、CWに「何かほめられた？」と聞いても「ほめられませんでした」とさびしい答えがいつも返ってきます。監査でCWの良いところも指摘してもらえると、CWもやりがいを感じられるのかなと思っています。

「大変ですね」って共感してもらえるだけで、ありがたいなと思ったりしますよ。

数年前の『生活と福祉』で、厚労省の自立推進・指導監査室長が研修会の挨拶の中で、「国の指導監査は国が現場を見て、現場と対等に意見交換をして、それをフィードバックするのも目的です。私たちが一方的に指摘するものではなくて、私たちが皆さんから現場の状況を聞きに行く場です」みたいなことが書いてありましたね。

うちの福祉事務所のトップも言いたいことがいっぱいあるのに監査官から言われっ放しで、「すみませんでした。直します」しか言わない。指導監査の場では、こちら側の意見や現状をもっと言ってほしいと、上司に言ったこともあります。ところが、監査はどうしても「受けるもの」というか、「指摘されないようにがんばるもの」という意識が福祉事務所全体にあるように感じます。

もう少し対等に、現場の苦労もわかってもらったり、できていないことの背景もわかってもらったりする努力をすべきだと思います。

できない背景を共有することが改善につながると思いますが、監査自体が表面的な感じでしょうか。

管理運営に対する指摘が多いみたいですね。「ここに不備があるが、チェック機能はどうなっていますか」といったシステムに関係することです。CWの苦労みたいな部分に対しては、あまり見てもらえていないのかなと感じることはあります。

三つの自立ごとの判断基準

これまで議論してきた六十三条であれ七十八条であれ、返還や費用徴収の対応については、どうしても監査での指摘事項を視野に入れざるを得ないということですね。

また、給付よりも控除のほうが厳しくなっているということなのでしょうか。

給付や控除の前に、自立更生の判断が難しくなっているのかもしれません。それは年金遡及の通知以降、特に感じます。
　CWやSVの経験年数が短いと、そこまでたどり着かないうちに異動になるので、なかなか積み上げができないのも問題です。あの世帯で自立更生を認めていたから、この人も該当するよね、といった事例が引き継がれていないと、なかなか判断することはむずかしい気がします。

生活保護の目的には、経済的自立、社会生活自立、日常生活自立の三つの自立の支援が含まれています。この連載でも考えていたのは、六三《ロクサン》も七八《ナナハチ》も、あるいは一時扶助の給付も、その決定に当たっては、三つの自立の判断基準を設けないとうまく説明できないのではないかということでした。
　だから、運転免許取得費も自立更生費もその議論がないから、いざ個別事例になると迷うことになるのではないかと感じました。何年かやっているCWであれば、三つの自立は知っています。ところが三つの自立と個別の通知がCWの頭の中でフィットしないから、あるいは監査で指摘された事項にだけ注目しているから、利用者の状況に対してどうしていいかがわからない。これまでの座談会を通してもその問題を感じています。

引き継ぎと情報共有

一方で、「自分が担当している間にけりをつけなきゃいけない」と意気込んでいるCWも多いですよね。

以前、私もそう思っていて、「もっと支援を進めないと」「どうしたら進むようになるのか」とCWと話をしていました。ところが、ひきこもりの研修会で講師の精神科医が、「何かのきっかけでひきこもりが崩れて社会に出ていくことがある。ただそのきっかけは人によって違うので、長いスパンで考えてないといけない」と話されました。これを聞いてから、拙速に進める必要はないと思うようになりました。
　CWだけでなく就労支援員などとも協力して、伴走型の支援を続けていくことが大切だと思います。

何もしないことと時間がかかることは別で、常に何かを働きかけていることが自立への支援ということですね。

うちの福祉事務所では八年間に四人のCWが引き継いで、ひきこもり状態だった方を就労支援プログラムにつなげ就労できたという事例があります。

CWのみならず就労支援員もかかわったり、ハローワークの相談員も一生懸命だったり、いろいろな人が長い間かけてかかわってくれました。そのうちに本人もちょっとずつ変わっていって、それが五人めのCWで花開きました。

バトンを落としちゃう人がいなくてよかったですね。どこかで放っておかれたら、切れちゃいますよね。

だから、週一回電話でしゃべるところからコミュニケーションを始めて、外で会って、それができたら事務所で会いましょうとか、段階的に何年もかけて支援を続けてきたそうです。

生活保護の自立の意味を知ることを草の根でやっていこうと思って、うちの福祉事務所では、毎年一回、全世帯の援助方針の見直しを所員全員で行っています。先日もやりましたが、約三百件を丸二日かけました。

えーっ、それはすごい。とてもいいことですね。

すごく勉強になります。日常生活自立がどうとか、社会生活自立はどうって指摘し合いながら、それぞれの援助方針を検討しました。

参加している全員が三百世帯について熟知しているわけではないでしょうから、全員で情報共有ができることにもつながりますよね。

概要がわかるシートが用意されていて、この人の課題はこうだから、援助方針はこうしますというのを三百件やります。

もちろん全世帯のことを知っているわけではないので担当CWの説明を聞いて、この課題は困難だから援助方針はこうしてみたらどうか、と話し合っています。

とてもいい取り組みですよね。なかなかできないことです。

全体の世帯数が少ないからできるとは思いますが、お互いの実践に役立つ有意義なことだと感じています。

うちの福祉事務所には援助方針策定マニュアルがあって、そこにはちゃんと三つの自立の観点も入れて方針をつくりなさい、と書いてあります。ところが結構なページ数で、読むのが大変なんですよ。ＣＷがじっくり読んで、それを頭に入れて援助方針を毎年見直す余裕がなくて、せっかくいいマニュアルがあるのに生かされていないかもしれません。三つの自立もだし、今まで出た六三、七八、自立更生、年金の話も含めて定期的に研修などで話題にしないと、職場の土壌として定着しないと思います。

私の係では件数が多いので年度末に援助方針の見直しをやっていたら、時間がたりません。そこで秋に、年度内の訪問が一応終わった世帯の援助方針の見直しにとりかかるようにしています。そうすることで時間をかけてＳＶがチェックすることができます。

秋からって、すごい。なるほどそういうやり方もありますね。

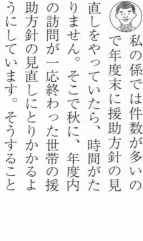

spring
その17

担当地区の引き継ぎ

今年度もあとわずか

　年度終わりが近づくと、ケースワーカー（以下「CW」）の方は異動の内示が気になりだしてくるのではないでしょうか。異動ですか？　来年度もCWを続けることになりましたか？

　異動される方はもちろんですが、異動されない方も記録の整理等の事務処理に追われている方が多いのではないでしょうか。新年度に担当する地区が変わる場合は、担当員変更がスムーズにいくように事務処理を進めたいですし、地区が変わらない場合でも年度内に処理を行わないと業務負担はより大きくなると思います。

　また、事務処理が未処理のままということは、福祉事務所内での関係以上に、被保護者に対して適切な扶助費の支給や支援が行えない場合も生じかねず、思いがけず大きな問題になる可能性もあります。

　とはいえ、事務処理は年度内に片づけたいのはヤマヤマでも、なかなか思うようにならない状況があるかもしれません。

事務処理の遅延

　事務の未処理や遅延は「程度」の差はあるかと思いますが、全国で生じているようです。厚生労働省保護課長通知「現業員等による生活保護費の詐取等の不正防止等について」[※1]（ここでは事務懈怠《けたい》を横領や領得と同様に扱っています）では、会計検査院の報告として、会計検査を実施した二百十二福祉事務所中四十三福祉事務所に現業員（CWのことです）による保護費の詐取、領得、事務懈怠、亡失があり、百六十七の福祉事務所で上記四十三福祉事務所と同様の事務処理上の不備が

見受けられたとの指摘がされているとしています。会計検査院がどのような内容、程度を指摘したのかはわかりませんが、二百十二福祉事務所中ほぼすべての二百十の福祉事務所に事務処理上の不備があったことになり、少し驚いてしまいます（むしろ、不備のない二福祉事務所の実施体制等に関心が向きます）。

この問題はその後も生じているようで、平成三十一年一月の全国厚生労働関係部局長会議では「本年度においても、職員による生活保護費の領得や事務懈怠等の不祥事案が発生しているが、組織的な事務処理等の手順や仕組み、職階毎の役割等が明確でないことから担当者任せになっており、組織としてのチェック機能や牽制機能が働いていないなど、経理事務の事務処理に課題がある実施機関が認められているところである。」と述べています。[※2]

平成三十年度の監査方針「監査の実施に際しての基本的な考え方[※3]」では「本年度においても、職員による生活保護費の領得や事務懈怠等の不祥事案が発生しているが、当該実施機関における事務の実施状況を見ると、日常の現業事務に係る審査や進行管理等の組織的運営管理体制に問題がある場合が多く」「組織的な手順や仕組み、職階毎の役割等が不明確であるなど組織としてのチェック機能や牽制機能が働いていない」と指摘しています。

また、重点事項として「保護の変更決定漏れや決定遅延等について、現業員等による事務懈怠事案の発生防止の観点からも、保護申請書受理簿等の整備や申請書類の保管方法のルール化、申請処理に係る職階毎の役割や責任の明確化による重層的なチェック体制の構築等について指導をお願いする。」としています。

横領と事務処理遅延の問題をくくって述べているので感情的には違和感が残りますが、ＣＷ個人の主観（ほとんどのＣＷは横領等を考えたことはないはずです）とは別に、事務処理内容が担当ＣＷにしかわからない状況や、役割、責任が不明確なことが問題であるという指摘は一理あるようにも思います。

このように、事務処理遅延については大きな問題と考えられているようです。

※1　平成二十一年三月九日社援保発第〇三〇九〇〇一号『平成30年度版生活保護関係法令通知集』（中央法規出版、二〇一八年）一四九六〜一五〇一頁

※2　社会・援護局『全国厚生労働関係部局長会議資料平成31年1月18日（金）』五九頁
※3　厚労省保護課自立推進・指導監査室「平成30年度における生活保護指導監査方針」（『生活と福祉』七四六号、二〇一八年五月）一〇〜一二頁

事務処理は早急にしたいけれど

あなたの自治体も異動の内示が出され、福祉事務所の雰囲気も何となく落ち着かなくなっているようです。

異動の内示の出た先輩CWの真田さんは朝からがんばっているようですが、最近電話でのやり取りが少しキツイ言い方になっていることが気になります。真田さんに恐る恐る声をかけてみます。

真田さんは「家庭訪問や面接の記録を書かないでためていたのは僕が悪いから仕方ないし、記録なんかは僕ががんばれば残業等でできるからいいんだよ」、「だけど、何回も催促しているのに業者が請求書を送ってこないから一時扶助支給の事務処理ができないんだよ。台帳も整理できないし、もし半年後に請求されても次の担当CWも困るじゃないか」と真田さんからいろいろとたまっていたものが出てきます。

「もっと困っているのは、昨年春から就労支援している武田さん。ようやく就労支援員との面談につながり就職活動を始めてくれたけれど、何件かの会社で不採用になったら自信がなくなったみたいなんだ。家庭訪問して、ハローワークに行くように言ったけれど、その後どうなったか約束しているのに連絡もくれない。稼働能力があるのだから年度内に結果を出したいんだ」

「多田さんも保険金が出たので法第六十三条と自立更生費の説明をしたけれど、申告してくれた挙証資料が不十分だし自立更生費の必要書類を持ってこないから、ケース診断会議もできないし、六十三条起案もできないんだよ」と止まらなくなりそうです。あなたは真田さんに「大変ですね」と言って早々に撤退を図ります。

横からベテランCWの板垣さんが真田さんに「できることしかできないんだから、無理しないでいいんじゃないか。真田君がんばっているよ」とフオローします。

査察指導員（以下「SV」）も「事務処理が途中だと真田さんが気持ち悪いだろうし、できるだけ終わらせてもらいたいところだけれど、この仕

事は相手があることだから事務処理が完璧に終えられるとは限らないから」と言い、そのうえで「もし終わらなくとも、できたところとできない箇所を明確にして、確実な引き継ぎを頼むよ」と言ってくれます。

板垣さんも「以前も話に出たように、何もしないことと時間がかかることは別（八十一頁参照）だし、武田さんについても到達点を明確にして次のCWにつなげることもアリだよ」と言います。

真田さんは「次の担当CWに迷惑をかけたくないから、武田さんや多田さんにプッシュしているけれど、なかなか動いてくれないし僕もいろいろとやることが多くて……」と言い「できるだけやりますから」と少し申し訳なさそうです。

板垣さんが「誰でもCWをやっていれば、担当を渡すことも受けることもあるわけだから、なかには生煮えのものがあっても仕方ないよ」、「机の中やファイルに一時扶助の申請書が入れっぱなしにされていたり、収受した収入申告を放置しているのとは別だよ」と続けます。

すかさずSVが笑いながら「それは絶対ダメ。だけれども、年度末に限らずCWができないこともあるというのは、CW個人の能力資質や努力とは別に、相手のあることだからやむを得ないということも本当だね」、「真田さんもある時期になったら、引き継ぎに重点を移してもいいかもしれないよ」と言います。

板垣さんも「先発完投型は格好はいいけれど、継投策がないと野球は勝てないから」と独自の理屈を述べます。

真田さんは少し気持ちに余裕が出てきたようです。あなたは「でも真田さん真面目だから事務処理がんばるだろうな」と思います。

担当地区変更の問題

異動の場合だけでなく、多くの福祉事務所では、新年度に担当地区の変更が行われることが多いのではないでしょうか。ＣＷが特定の地区をどのくらいの期間担当するのがよいのかは一概に決めることはできませんが、短期間に頻繁に変わるとＣＷにとって被保護者の状況がわかるようになった頃に地区替えになり、ＣＷの負担も大きく支援が十分できない可能性が生じます。

被保護者にしても新しい担当ＣＷに慣れたところで、すぐに変わるようでは「信頼関係」上の支障が生じるかもしれません。一方で長く特定の地区を担当しすぎるのも、経済給付が大きな要素を占める生活保護行政ではさまざまな問題が生じる可能性があります。

このように、ＣＷの担当地区を変更することは生活保護行政にとり、避けられないことなのかもしれません。別の見方をすれば、定期的な担当地区の変更は事務処理の自己チェックや利用者支援を見直すよい機会ともいえます。なかには見直すと事務の未処理や中途になったままの支援、未解決の課題などが出てくることもあります（これが、定期的な担当地区変更の必要性かもしれません）。

しかし、それらが生じる原因はＣＷだけにあるとは限りません。被保護者のなかには真田さんが担当する武田さんや多田さんのように、うまく支援に乗れない人や連絡が取れなくなる人もいるからです。生活保護行政はこれらの利用者がいることを前提に運用せざるを得ないのです。

ＣＷががんばることは必要ですし重要ですが、事務処理や対人援助のケリがつかないことが生じる場合もあるように思います。これらのことを前提に担当員変更で生じる問題を考えないと、タテマエや「ねばならない」だけでは無理が生じるのではないでしょうか。

さらに、この問題を生じやすくさせているのは、被保護者やその課題だけではなくＣＷの置かれた状況、特に業務量の多さや担当世帯数の多さもあるように思います。

監査方針[※4]でも、「実施体制の整備について」では**「適正な保護の決定実施や被保護世帯に対する指導援助を的確に行い、生活保護制度の適正な運営を確保するためには、現業員の配置等、実施体**

制の整備が必要であるが、監査の結果、多くの実施機関において、社会福祉法第十六条に定める標準数（筆者注＝CWの担当世帯数、市部八十世帯、都道府県六十五世帯のことです）に対して現業員の不足が生じているところであり、また、査察指導体制の整備が必要な状況も認められている。」としています。

このような状況で、がんばっているCWだけが責められるとしたらつらいなと感じます。福祉事務所体制の問題、組織問題をCWの個人責任に転嫁されるべきでないことは言うまでもないことだと思います。

※4　厚労省保護課自立推進・指導監査室「平成30年度における生活保護指導監査方針」（『生活と福祉』七四六号、二〇一八年五月）一四頁

事務の未処理が膨らむと

真田さんが慌ただしくしているのを見て、同期のCW穴山君が話しかけてきます。「僕らはまだ異動がないから余裕だよね。来年は大変になるかもしれないけれど」。穴山君、来年は異動する気満々ですが、あなたは心の中で「鬼に笑われるよ」と思ってしまいます。

それを聞いた板垣さんからは「異動はなくとも年度内の事務は三月中に片づけておかないと大変なことになるよ。担当地区が替わると新年度の業務に旧年度の事務処理が重なるから、事務の未処理が膨らむと『未処理事務の多重債務』みたいになり、動きが取れなくなるよ」と厳しいことを言われてしまいました。

さらに、先輩CWの甘利さんが追い打ちをかけます。「担当地区変更がなくとも、今やっておかないと新年度大変になるんじゃないの。『債務』は早く処理したほうがいいわよ。『破産』しないでね。『免責』しないわよ」

あなたは「僕たちは未処理事務『多重債務予備軍』か」と、思わず穴山君と顔を見合わせてしまいました。

spring
その18

生活保護ケースワーカーの専門性

生活保護行政と専門職

四月も半ばになると、新しくケースワーカー（以下「CW」）になられた方も福祉事務所の雰囲気に慣れ始めてきた頃かもしれません。とはいえ、被保護者との関係性などについてよくわからないまま、慌ただしく過ごされている方もいるのではないでしょうか。

新規採用の方はもちろんですが、異動で転入された方もしばらくは職場に慣れたり、仕事を覚えたりすることが大変かもしれません。ただ、このことは福祉事務所に限らず、「宮仕え」であれば異動の都度経験することと思います。

CW業務の特徴として、利用者との対人関係があります。これを「苦手」とするか「やりがい」と感じるかは人それぞれですが、CWにとって避けて通ることはできないものです。

なかには、自分は専門職ではないからCWは「ムリ」と思っている方もいるかもしれません。では、CWでいうところの「専門職」とは何でしょうか。

社会福祉法の規定では、CWは社会福祉主事である必要があります（同法第十五条六項）。この社会福祉主事の要件として同法第十九条一項では、**「年齢二十年以上の者であって、人格が高潔で、思慮が円熟し、社会福祉の増進に熱意があり、かつ、次の各号のいずれかに該当するもののうちから任用しなければならない。」**としています。人格高潔、思慮円熟、社会福祉の増進に熱意、とか言われてしまいますと、ますます不安になってしまうのではないでしょうか。

一方で「次の各号のいずれかに該当」の条件は多岐で、特に福祉分野でなくとも大学で法学、行政法、経済学、社会学などの三科目取得した場合も「次の各号」に該当することから、文系学部の

教養科目の履修により、結果としてこの条件をクリアすることが多いようです。

するとなんだか、前半の人格高潔の理念と具体的な要件の「各号」に差がありすぎるようにも思えます。

厚生労働省によるとCWの社会福祉主事有資格者は平成二十一年度では七四・二%、平成二十八年度は八二・〇%と報告がされています。※1 ということは、社会福祉主事ではないCWもいるということになります。ちなみにCWと同様、社会福祉主事であることが必要な査察指導員（以下「SV」）の社会福祉主事有資格率は平成二十一年七四・六%、平成二十八年八二・七%となっており、CWと同様の傾向にあるようです。

※1　厚生労働省「平成二十八年福祉事務所人員体制調査」（『生活と福祉』七四〇号、二〇一七年十一月）二〇～二二頁

あなたも社会福祉主事

あなたの福祉事務所にも新しくCWが入りました。あなたは新人CWの内藤さんに担当地区の引き継ぎをしています。内藤さんは教育委員会から異動してきて、役所歴が十数年ある真面目そうな方です。

ひと通りの説明を終えると、内藤さんから「生活保護って専門職でないと難しいんじゃないの？　事務職の私で本当にできるかしら」と言われました。あなたは「僕も職場のみんなに教えてもらって何とかやっています。わからないことがあれば遠慮せずに聞いてください」と答えました。

内藤さんは「わからないことばかり。特に利用者との関係をどのようにつくるかなんてうまくできるかとても心配」、「CWは専門職が行うべきよ」と続けます。あなたも「それはそうかもしれないな」と思います。

横からベテランCWの板垣さんが「法律上はCWは社会福祉主事でないとダメなんだけれどね」と言うと、内藤さんは「ならばCWは社会福祉主事を充てればいいじゃない」、「素人にやらせるのは無理よ」と率直な発言です。板垣さんは「内藤さんも社会福祉主事だと思うよ」と応えます。内藤さんは「エッ私も？　文学部出身で福祉なんて勉強したことないですけど……」と驚いています。

板垣さんは「本人に自覚はなくとも大学の教養科目で規定の三科目を取っていれば社会福祉主事ではあるよ」と言い、あなたにも「法学部出身の

君も社会福祉主事だと思うよ」と話します。

それを聞いていた同期のCW穴山君が「僕は工学部出身だから多分違うね。だけれど社会福祉主事でなくともがんばっているのは偉いよね」と調子に乗った発言をします。

すかさず板垣さんは「穴山君はがんばっているよ。ただもっとがんばれるとは思うけれどもね」と切り返し、「確かに、社会福祉主事といっても自覚なく三科目を取った人も多いだろうから、現代で社会福祉主事が生活保護CWの専門職といえるかは議論の余地のあるところだね」、「社会福祉主事ならば生活保護行政の専門性があるといえるかは疑問だな」と続けます。

すると穴山君が「それでは、生活保護の専門職って何だろう」と根源的な問いかけをしてきました。

「社会福祉主事が生活保護行政の専門職かどうかの議論は別にして、CWに専門性は必要だと思うよ。それは対人支援能力と適切に扶助費を支給する事務処理能力じゃないかな」と板垣さんが言います。

三年めのCW甘利さんも参加して「事務処理の大変さは役所内のどの部署も同じと思いますが、生活保護はケースワークがあることに専門性が求められるのではないかしら。その能力は必要だと思うわ」と言います。

やり取りを聞いていたSVも「たしかにさまざまな状況の利用者がいるなかで信頼関係を築きながら相談できる相手であることは必要だね」と述べます。

生活保護行政と対人支援

生活保護は憲法第二十五条の「健康で文化的な最低限度の生活」を保障するためのものです。そのために経済給付が行われますが、生活保護行政では経済給付だけでなく対人支援が必要とされています。

このことについての問題意識は一九五〇年の生活保護法制定時よりあったようで、法立案者は次のように述べています。「「人をして人たるに値する存在」たらしめるには単にその最低生活を維持させるというだけでは十分でない。凡そ人はすべてその中に何等かの自主独立の意味において可能性を包蔵している。その内容的可能性を発見し、これを助長育成し、而して、その人をしてその能力に相応しい状態において社会生活に適応させることこそ、真実の意味において生存権を保障する所以である。[※2]」

その後も福祉事務所の道しるべとして刊行された厚生省の解説書でも「人々が長く困窮状態に陥ると、ともすれば敗北感から無気力になり、困難に立ち向う努力を失い他者へ依存する傾向を生みがちであるが、要保護者がこのような退行状態に陥ることを防止し、人間の価値と可能性に信頼をおき要保護者の人格的成長を促進する機会と状態を育みその者を精神的にも自立させるような指導、援助を行うことが制度の目的に沿うものなのである。[※3]」とあります。

生活保護は経済給付だけではないという考え方は、生活保護行政では法制定時より一貫しているようです。

現在はどうでしょうか。『生活保護手帳』の「生活保護実施の態度」の「4　被保護者の立場を理解し、その良き相談相手となるようつとめること」では、「生活保護は、被保護者の自立助長を図ることをあわせ目的とするものである。被保護者の個々についてその性格や環境を把握理解し、それに応じた積極的な援助をたゆまず行うようつとめること。[※4]」と述べられています。

別冊問答集でも冒頭の「3　要保護者の立場や心情を理解し、その良き相談相手であること」では次の記述があります。「要保護者が生活保護の申請に至るまでには、さまざまな生活課題に直面し、心身共に疲弊していることが少なくない。また、要保護者には相談にのってくれる人がいないなど、社会的きずなが希薄で、不安感、疎外感を持って生活している場合も多い。したがって、ケースワーカーはそうした要保護者の立場や心情をよく理解し、懇切、丁寧に対応し、積極的にその良き相談相手となるよう心がけなければならない。※5」

※2　小山進次郎『改訂増補生活保護法の解釈と運用』（中央社会福祉協議会、一九五一年）九二頁
※3　厚生省社会局庶務課監修『新福祉事務所運営指針』（全国社会福祉協議会、一九七一年）一五六頁
※4　『生活保護手帳二〇一八年度版』（中央法規出版、二〇一八年）二頁
※5　『生活保護手帳別冊問答集二〇一八年度版』（中央法規出版、二〇一八年）二頁

専門性とは

このように生活保護行政では扶助の給付事務とともに、対人支援が必要とされることからケースワークを担うためのＣＷが配置されたようです。おそらくここに生活保護の専門性が考えられたのではないでしょうか。

生活保護行政では多様な問題を抱えた被保護者への対人支援と、適切な扶助の給付があります。このことは誰が計算しても同じになる基準計算による毎月の扶助費支給だけでなく、一時扶助の給付や自立更生費の扱いにあたっては、被保護者ごとの生活課題や貧困の背景を理解し、自立支援のための判断が必要となります。つまり生活保護では、対人支援とは相談に乗ることだけでなく、扶助費の問題と一体化せざるを得ないのです。

別の見方をすると、ＣＷには相談援助とともに実施要領を理解し、適切な扶助費の給付を行う判断能力や事務処理能力も必要であり、これらが生活保護行政の専門性のように思われます。

資格と専門性

内藤さんが「社会福祉士は福祉の専門職よね。ＣＷには社会福祉士を充てればいいのよ」と言います。あなたは「内藤さん、ＣＷになることにかなり抵抗があるんだな」と思います。

すると穴山君が「土屋君は社会福祉士だから僕と違って専門職だね。頼りにするよ」と新規採用のＣＷ土屋君に話を振ります。突然、振られた土屋君は「社会福祉士資格は持っていますが、大学で勉強をしただけですから……。穴山さんに毎日教えてもらって、いっぱいいっぱいで専門職なんて……」と戸惑っています。

甘利さんが「コラコラ、新採をいじめちゃダメ

でしょ」と穴山君を注意して、「私も社会福祉士ですが、大学では保護手帳や別冊問答集なんて教わらないし、利用者の実情もわからないわ。資格があるから専門性があるとは言えないと思います」、「利用者との関係性であれ、扶助費の支給の可否であれ、日常業務のなかで勉強をして専門性は身につくのではないかしら」、「私は板垣さんの仕事を見ていると専門性が高いと思います」と言います。

板垣さんはちょっと照れて「僕は高卒で社会福祉主事でもないし、最初は右も左もわからなかったけれど、研修のほかにケース検討会や勉強会に参加して、利用者との関係性や保護手帳の読み方、利用者への〝あてはめ〟を覚えたな」と応えます。

話を聞いていたSVが「社会福祉主事であれ社会福祉士であれ、それらは出発点であってそれぞれの知識をもとに実践のなかで専門性を高めることが必要だね」、「土屋君も勉強会などに参加すれば専門性の高いCWになれると思うよ」と言います。甘利さんも「資格の問題と専門性は別よ。勝負は専門性でしないとね」と言葉を重ねます。

それを聞いて穴山君が「すると資格は不要なんだな。僕は利用者のために専門性を高めるよ」と言ったところ、SVが「資格はともかく知識は必要だから、穴山君も厚労省委託の通信制公務員対象社会福祉主事認定課程[※6]を受講しなよ、推薦するよ」と言ってくれました。

穴山君は「社会福祉主事になったら、今の業務量でもサクサクと処理できるようになりますか」と言います。板垣さんが「専門性は必要だし資格の有無の議論もあるけれど、現状のCWの業務量の問題は重要だよね」と応えます。甘利さんも「専門性の議論を資格の問題にしてはいけないし、業務量が多すぎて生じる問題を、専門性や資格の問題に転嫁すると話が混乱するわよね」と鋭く指摘します。

係の中で生活保護業務の専門性の話はもう少し続くようです。

※6　保護課自立推進・指導監査室『社会・援護局関係主管課長議資料平成三十一年三月五日』一四～一五頁

生活保護ケースワーカーの仕事の意味とは

ここまで見てきたように、生活保護ケースワーカーの業務には大変なものがあります。この「大変さ」については、生活保護行政に直接関わらない人からも言われることが多いのではないでしょうか。実態を知らずに「ケースワーカーは楽な仕事でいいね」と言われるよりは良いようにも思いますが、この「大変さ」の中身とはどのようなものなのでしょうか。

最近は全国の福祉事務所で「事務処理懈怠《けたい》」が生じ、自治体がホームページなどでその経緯とお詫びを掲載している場面をみかけます。なかには事務処理懈怠に対してケースワーカーを懲戒処分にしている自治体もあります。事務処理懈怠は被保護者の最低限度の生活を損なうものであり、あってはならないことですが、多くの福祉事務所でケースワーカーはオーバーワークともいえる状況で仕事をしていることも事実です。事務処理懈怠をケースワーカー個人だけの問題にしてよいのでしょうか。

ケースワーカーの担当世帯数が社会福祉法の条文で明記されている標準世帯数を大きく超え、事務処理も増加している状況で、事務処理が遅れたり、できなかったことを原因に処分されるのであるならば「やっていられない」「異動したい」と考えるケースワーカーが増えるかもしれません。

このような状況にあるケースワーカーに上司や現場を離れた元ケースワーカーが「やりがい」を語っても心に響くのでしょうか。あるいは「がんばれ」と言ってすむような話でもないように思います。

本論ではこれまで見てきたケースワーカーの「大変さ」の原因について検討することで、生活保護行政を担うケースワーカーの仕事の意味について考えたいと思います。

一　ケースワーカーの大変さとは

(1)担当世帯、業務量の多さ

筆者の手許に、大蔵省（現財務省）発行の「写真公報」という一九五八年十二月の古い写真雑誌があります。この号は「生活につながる社会保障」という特集で、東京都内の福祉事務所の活動について制度説明と共に写真やケースワーカーの手記等が紹介されています。

ここでは「社会福祉主事の毎日」というタイトルで、当時のケースワーカーが次のように語っています。

「われわれ社会福祉主事の職場は、文字通り福祉行政の最尖端におかれている。」

「しかし、世間の人たちはこの制度に対して関心が薄いばかりではなく、冷眼視する態度さえ見えるのはどうしたわけであろうか。」

「不幸な人たちが自分の力で解決できない問題を背負って事務所を訪れる列はあとをたたない。ある人は子供のことを、ある人は病人の医療に困ることを、またある人は明日の生活が維持できないことを……等々持ち込まれる問題は日常生活に結びついているだけに、千差万別であると同時に短時間内の措置が要求される。」

「現在隘路となっているものは人員の不足が原因となって事務の絶対量が多いことである。その他にも隘路となっているものが種々考えられる」

一九五〇年に現行生活保護法が施行され、一九五一年の社会福祉事業法（現社会福祉法）が制定された数年後には現在と同様の事務量の問題がケースワーカーに生じており、大蔵省の広報誌でそのことが率直に述べられているのです。つまり、担当世帯数や事務量の問題等は生活保護ができた当初から生じていたのではないかと思われます。

現在も、この当時のケースワーカーが述べていたような「人員の不足が原因となって事務の絶対量が多い」状況であり、これらが原因の一つとなりケースワーカーへの十分な研修が行われず、そのことにより不十分な制度理解で生活保護業務を行わざるを得ない事態も生じています。保護の決定の判断が適切に行えないことや、事務処理の遅れが常態化する問題なども生じているのではないでしょうか。

しかし、ケースワーカー業務の大変さとは事務量だけの問題ではないように思われます。生活保護行政の特徴として扶助の給付と共に相談援助＝生活保護ケースワークがあります。これらをどのように考えるのかという検討が必要と考えられます。

⑵被保護者の生活課題とケースワーカー

多くの被保護者はさまざまな理由で生活困窮に陥ったものの、生活保護を上手に利用して生活を営んでいます。必要に応じて他法や他施策を利用することもありますが、ここでも関係機関の支援を受けて適切に利用しており、この人たちは何かあればケースワーカーに届出や連絡をしてくれることが多く、必要な書類等も提出してくれます。

時として、被保護者が生活するうえでの扶助額や支給要件などの問題が生じることがあります。このことで被保護者だけでなくケースワーカーも適切な支援が行えず困ることはありますが、これはケースワーカーの努力だけでは解決できない「制度の問題」ですので、被保護者やケースワーカーの問題とはいえないと思います（したがって、被保護者が健全な市民生活を送れるような扶助額や支給要件が必要となるのです）。

この生活保護を上手に利用している多くの人たちに対してのケースワーカー業務は扶助の支

給が中心になるのではないでしょうか。しかし、もう一方で生活保護受給後も困難な生活課題が改善されないまま続き、その課題の解決を必要とする人たちがいます。これらの人たちは、貧困状態が長期間続いていたことや生活課題の重さに、本人もどうしてよいかわからないまま生きづらく困難な状況に陥ったり、状況をさらに悪化させてしまう被保護者です。

いずれの被保護者に対してもケースワーカーは最低生活保障として扶助費の支給を行いますが、後者の人には扶助費の支給だけでは日常生活を営むことに支障が生じる場合が多いため、ケースワーカーによる相談援助や支援が必要になるのです。

二　生活保護の目的から考えるケースワーカーの業務

(1)生活保護の目的

それでは、そもそも生活保護制度が設けられた目的とは何でしょうか。生活保護法ではその目的を次のように規定しています。

生活保護法

(この法律の目的)

第一条　この法律は、日本国憲法第二十五条に規定する理念に基き、国が生活に困窮するすべての国民に対し、その困窮の程度に応じ、必要な保護を行い、その最低限度の生活を保障するとともに、その自立を助長することを目的とする。

ここで述べられている憲法第二十五条は次のように規定がされています。

日本国憲法
第二十五条　すべて国民は、健康で文化的な最低限度の生活を営む権利を有する。
２　国は、すべての生活部面について、社会福祉、社会保障及び公衆衛生の向上及び増進に努めなければならない。

このように、生活保護とは憲法に定める国民の健康で文化的な最低限度の生活を営む権利を国家が保障する制度です。この「最低限度の生活」とは「これ以下の生活があってはならない」ということだと思います。つまり、憲法二十五条の国民の生存権を保障する国家責任を実施する制度が生活保護であり、その行政の最先端現場が福祉事務所になるのです。言い換えると、福祉事務所に配置されているケースワーカーの仕事は、国家責任である被保護者の生存権保障へ向けての行政の行使としての支援です。

この国民の生存権保障の方法が生活保護では扶助の決定、支給となりますが、それだけではなく、自立を支援するためのケースワーカーによる相談援助があります。

(2)ケースワーカーによる相談援助の必要性

生活保護の目的に最低生活保障と共に自立助長の規定を設けたことについて、生活保護法を立案した当時の厚生省保護課長は次のように述べています。[※1]

最低生活の保障と共に、自立の助長ということを目的の中に含めたのは、『人をして人たるに値する存在』たらしめるには単にその最低生活を維持させるというだけでは十分でない。凡そ人はすべてその中に何等かの自主独立の意味において可能性を包蔵している。この内容的可能性を発見し、これを助長育成し、而して、その人をしてその能力に合い相応しい状態におい

※1　小山進次郎『改訂増補生活保護法の解釈と運用』（中央社会福祉協議会1951年）92頁

て社会生活に適応させることこそ、真実の意味において生存権を保障する所以である。社会保障の制度であると共に、社会福祉の制度である生活保護制度としては、当然此処迄を目的とすべきであるとする考えに出でるものである。

ここで述べられている自立については、生活保護法の制定以降も議論がありましたが、現在の生活保護行政では次のように整理されています。

・就労自立……就労による経済的自立
・日常生活自立……身体や精神の健康を回復・維持し、自分で自分の健康・生活管理を行うなど日常生活において自立した生活を送ること
・社会生活自立……社会的なつながりを回復・維持し、地域社会の一員として充実した生活を送ること

つまり、生活保護はその目的である自立の意味に日常生活自立や社会生活自立を含めていることから、生活課題をもち扶助費の支給だけでは最低限度の生活を維持することが困難な人たちに対しては、自立の助長＝自立へ向けた相談援助を行なうのがケースワーカーの業務となります。したがって扶助費の支給だけで生活ができる人に対しては（本人やその環境が変化することに対しての目配りは必要ですが）、あまりケースワーカーが介入をする必要はないように思われます。このことについても法制定時から次のように述べられています。[※2]

生活保護制度の運営を考える場合、特に注意しなければならないことは、生活保護法の法律的理解を深めるだけでは十分ではないということである。この法律が社会保障法としての建前

※2　小山進次郎『改訂増補生活保護法の解釈と運用』（中央社会福祉協議会1951年）95～96頁

を採っていることと、もう一つは法律技術上の制約によりケースワークを法律で規定することが至難であることのために、この法律の上では金銭給付と現物給付だけが法律上の保護として現れている。従って、現実には保護として行われ、且つ、被保護者の自立指導の上に重要な役割を演じているケースワークの多くが法律上では行政機関によって行われる単なる事実行為として取り扱われ法律上何らの意義を与えられていない。これはともすれば生活保護において第一義的なものは金銭給付や現物給付のような物質的扶助であるとの考を生じさせ勝ちであるけれども、ケースワークを必要とする対象に関する限り、この様に考えることは誤りだと言わなければならない。（傍点筆者）

このような法制定時の考え方はその後も引き継がれており、ケースワーカーの業務について一九七一年の厚生省の福祉事務所業務の解説書では次のように述べています。[※3]

福祉事務所の門をたたく人は、長い間の貧困との闘いに疲れ果てて一見性格が偏っている人もあるかもしれないし、身体に障害を持ち、前途に希望を失っている人、家族との不和をなげく孤独でかたくなな老人、知恵遅れの子供を持って思いつめている親、夫が蒸発し、途方に暮れている母子等、さまざまな心の迷いや心配ごとを抱えて、思い余った末相談に来る人も多いのである。これらの人たちと接触する現業活動職員は、そのような相手の気持ちを十分に洞察できる素養・知識及びケースを自立更生させるための処遇の技術を身につけていなければならない。

ここで述べている現業活動職員とはケースワーカーのことです。その趣旨は現在でも同様なようで、毎年発行されている「生活保護手帳別冊問答集」では次のように記載されています。[※4]

※3　厚生省社会局庶務課監修『新福祉事務所運営指針』（全国社会福祉協議会1971）12頁
※4　『生活保護手帳別冊問答2019年度版』（中央法規出版2019）2頁

要保護者が生活保護の申請に至るまでには、さまざまな生活課題に直面し、心身共に疲弊していることが少なくない。また、要保護者には相談にのってくれる人がいないなど、社会的きずなが希薄で、不安感、疎外感を持って生活している場合も多い。

したがって、ケースワーカーはそうした要保護者の立場や心情をよく理解し、懇切、丁寧に対応し、積極的にその良き相談相手となるよう心がけなくてはならない。

このように扶助費の支給だけでは最低限度の生活が困難な被保護者を支援するために配置された職種がケースワーカーなのです。したがって「支援困難」と思われる要保護者がケースワーカーの前に登場することは前提とされており、ケースワーカーによる相談援助が必要とされるのです。そこで、その有効な支援のためには要保護者の貧困や生活課題の背景を理解する必要があるのです。

三　ケースワーカーの支援で考えること、振りかえること

(1)生活保護は国家責任遂行のための行政の活動

要保護者が最低限度の生活と自立ができるように支援を行うのが生活保護の目的であり、国家責任とされています。それを具体的に実行するのがケースワーカーですから、ケースワーカーの相談援助とは、単なる生活相談ではなく国家責任として最低生活保障とリンクしている行政の活動と考えられます。

つまり、生活保護は社会保険や手当、あるいは契約関係により成り立つ福祉施策ではなく、国家が国民の生存権を保障し自立を支援（保護から脱却させるということだけではないことの理解が必要です）する制度ですから、福祉事務所（ケースワーカー）は保護対象者を選り好みすることもできませんし、国民も福祉事務所を選択することはできません。

そこで四九頁の誰にでもけんか腰になる松原さんのような方への対応（＝支援）が必要になるのです。病院や施設なら「出入り禁止」ということもあるかもしれませんが、トラブルを繰り返す松原さんを支援することがケースワーカーに求められており、松原さんを保護から排除することも「出入り禁止」にすることもできないのです。そこで、このような被保護者に対しては担当ケースワーカーだけで支援することは困難な場合が多いことから、行政機関としての福祉事務所による組織的な支援が行われなくてはならないのです。

同様に七二頁の近藤さんのように、前任のケースワーカーと良い関係性を築いていたとしても、行政の活動として生活保護の実施が行われている以上、ケースワーカーの変更は避けることができませんし、「お好みのケースワーカー」を選ぶこともできないのです。

また、年金や手当等であれば請求や申請をしなかったり、書類が不備な場合には支給することをしませんが、生活保護では申請ができない人に対しては職権保護が規定されていますし、要保護者が書類等を準備することができない場合は、ケースワーカーが資料等を収集することも必要になります。これらも生活保護が国民を保護する制度だからです。

したがって、四二頁のライフラインが止められ食事にも事欠くような武田君のお父さんに生活保護制度を理解していただき、保護申請をしてもらうような働きかけをすることが必要となります。同様に六〇頁のホームレス状態で保護を拒み凍死の危険性も生じている永倉さんにも、保護受給を働きかける必要があります。永倉さんは障害や傷病で合理的な判断ができない状態なのかもしれません。しかし、生存権を保障する生活保護行政を担うケースワーカーの立場ではいずれの人たちに対しても「自己責任」などと言って「本人任せ」にはできませんし、してはいけないように思います。

また、保護受給中であるものの三六頁の井上さんのように、衰弱していながらケースワーカーによる通院の助言や救急隊も拒絶し、受診（医療扶助）を拒む場合も同様の問題を有しているのではないでしょうか。

直ちに「命」に関わるほどではないにしても自立の観点からは支援が必要な人たちもいます。五四頁の斉藤さんはケースワーカーの支援を拒み不衛生な「ゴミ屋敷」で生活をし、近隣とのトラブルが生じています。七七頁の不登校で高校を中退し、ひきこもり状態で友人もいない秋山さんの長男、二四頁の就労支援を強く拒む藤堂さんの場合も保護要件の稼働能力活用の問題と共に、就労することで社会参加する機会を提供するという自立支援が必要な人たちであると思われます。

このように、要保護者の中には生活保護を拒み、より厳しい状況に陥りそうな人や、生活保護は受給していてもケースワーカーの支援を拒む人、あるいは市民社会の常識やルールから逸脱していると感じられる行動をとる人などもいて、ケースワーカーからは「不合理な行動」としか見えなかったり、理解できないこともあります。しかし、だからこそこの人たちはケースワーカーの相談援助が必要で、扶助費の支給だけでは生活を送ることが難しい人たちなのです。要保護者は単なる福祉施策の利用者ではなく、国家がその義務として保護し最低生活保障と自立支援をしなくてはならない国民であり、そのことを実際に行うのがケースワーカーなのです。

(2) 相談援助と保護の決定
しかし、ケースワーカーの相談援助はこのような場合だけに求められるわけではありません。支援の中心が経済給付となっている、一見生活が安定していると思われる被保護者の場合であっても、適切な保護決定の判断にあたっては、その生活状況や被保護者が置かれている環境、本人の考えを理解する必要があるからです。

一〇七頁の飯富さんの場合は老齢年金の遡及受給分についての法第六十三条の返還決定にあたり、クーラーの購入を自立更生費として認めるか否かの判断が生じました。また、ケースワーカーによる保護費の過誤支給を受けた小山田さんは、その過払い分を返還すると子どもの進学に影響が生じる可能性があるようです。いずれも保護の目的である自立に関わる問題ですが、生活状況とその世帯のライフプランがわからなければ適切な返還金額の判断をすることはできません。九五頁の課税調査で無収入申告のわかった一条さんや小幡さんの高校生の子どもについても、無申告に至るそれぞれの状況がわからないと不正か否かを判断することができません。この場合も、本人の言い分とそのような事態が生じた背景の理解が必要となります。

このような問題は返還金に関わるものだけでなく、扶助費の支給の判断でも生じます。一一九頁の高校を卒業する高坂さんの長男の運転免許に関わる問題も同様です。ここでは、長男が運転免許を取得することが自立に役立つか否かという問題と、どのような通知を根拠に支給することが妥当なのかについての判断が求められており、やはり被保護者の状況と将来についての本人の考えの理解が議論の前提となるのです。

四 「支援困難」が生じる背景と課題

ケースワーカーの業務は国家責任としての扶助の給付と生活課題を解決するための相談援助ですから、給付事務だけでも単なるサービス提供者でもないのです。

国家による国民の生存権保障を行う生活保護の実施と共に、その担い手であるケースワーカーは国家権力（保護の決定や扶助の給付、法を根拠とした相談援助と共に指導・指示）を背景とした福祉従事者となります。したがって、ケースワーカーは国家責任を担うわけですから、扶助の給付であれ、相談援助であれ「強烈な援助者」としての自覚が必要になります。だからこそ、ケースワーカーの責任は重く、場合によっては精神的負担が過重になるのです。

ケースワーカーが感じる生活保護固有の大変さやつらさとは、課題を有する要保護者への支援やその判断の困難性から生じることが多いのではないでしょうか。

しかし、この問題を要保護者だけの問題とすることには疑問があります。なぜならば、支援には支援者と被支援者との関係性があり、ケースワーカーの支援力と要保護者の課題の重さのバランスで考えると、支援者の支援力が要保護者の課題より大きければ支援困難性は少なく、支援力が課題より小さければ支援困難が生じやすいといえるからです。

つまり、ケースワーカーが感じる支援困難の場合とは、被保護者自身の生活上の課題の重さと共に、支援力の点で支援する側にも問題はあるのです。この支援する側の問題とは、ケースワーカー自身の生活保護行政（通知等）の理解の有無だけではなく、ケースワーカーの担当世帯数の多さ等の福祉事務所の組織的体制における不備、さらには実施要領や通知等が被保護者の現状にマッチしているか否かといったことなど、複合的な要素により生じるように思われます。ケースワーカーが感じる支援困難について検討する際、行政側のケースワーカーを支える組織的な問題についての議論は避けられないのです。

ケースワーカーの大変さやつらさとは、表面的には保護の実施上の判断の難しさや生活課題に対する相談援助における困難さですが、その背景にはこうしたものがあるように思われます。このことは、国民の観点から見るとケースワーカーの置かれた福祉事務所の状況次第で、生存権が保障されなくなるという事態が生じかねない重要な問題でもあるのです。

つまりケースワーカーの支援にあたっての「大変さ」「つらさ」と、要保護者の生活上の「大変さ」「つらさ」は表裏の関係にあるのではないでしょうか。

したがって、ケースワーカーが支援を適切に行えるような環境や体制を設けることは、福祉事務所を設置している自治体の責任ですし、保護の実施にあたっては要保護者の生活実態に沿った扶助額や支給要件であることが必要ではないかと思われます。

このように考えると、本来的には「人を助ける」という極めて人間的であり、誇りをもって行うことのできる仕事でありながら、生活保護ケースワーカー自身が揺らがざるを得なくなっていること、このことが現在の生活保護の大きな課題になっているといえるのではないでしょうか。

おわりに

本書では、生活保護ケースワーカーが行う支援にあたり生じる課題やそこでのケースワーカーの悩み等を紹介し、ケースワーカーの視点で検討をしてきました。ここでの内容の多くはケースワーカーの皆さまと共有できるものがあったのではないでしょうか。

このことは、本書で繰り返している、ケースワーカーが支援を行う上での困難な課題とは全国で生じており、「ケースワーカーのあなた」が困っていることは、全国で多くのケースワーカーも同様に困っているということなのです。

また、最終章ではケースワーカーが支援を行ううえで「困る」原因はケースワーカーや要保護者個人の問題だけではないことや、ケースワーカーの支援が困難なことから感じる「大変さ」と、要保護者の厳しい生活課題から生じる「大変さ」は表裏の関係にあることをみてきました。

バブル経済崩壊以降の長期的視点では被保護世帯は増加傾向にあります。その原因はわが国の貧困の拡大と深化によるものと考えられますが、被保護世帯の増加自体はケースワーカーが厳しい状況の中でも適正な保護の実施を行い、国民の生存権を守っていることの反映ともいえるのではないでしょうか。その意味では、生活保護行政に不十分な点はあるかもしれませんが、ケースワーカーの努力によって機能しているのです。

しかし、このような状況が将来に渡って続くとは思われませんし、既に全国で事務処理懈怠等として「堤防から水が漏れ始めている状況」が生じているように思われます。

この状況をどのようにしていくのかが生活保護の大きな課題のひとつとなります。

ケースワーカーは、扶助の支給を媒介に要保護者の生活実態や生活課題を理解し、支援できる立場です。このことは他の行政職種や福祉職種にはない生活保護ケースワーカーの優れた機能です。この機能をどのように生かして要保護者を支援するのか、生活保護行政をより良いものとしていくのか――。

このことをケースワーカーの皆さまには各地域の状況と生活保護行政の支援実践を踏まえて検討していただきたいと思います。筆者も皆さまとともに考えたいと思います。本書がその一助になれば幸いです。

二〇二〇年二月

池谷　秀登

池谷 秀登（いけたに　ひでと）

立正大学社会福祉学部教授。東京都内の福祉事務所で生活保護ケースワーカー、査察指導員を32年間経験。帝京平成大学教授を経て、2020年より現職。

主な編著書に、『生活保護と就労支援』（山吹書店、2013年）、『生活保護ハンドブック「生活保護手帳」を読みとくために』（日本加除出版、2017年）、『生活保護ソーシャルワーカーはいま』（ミネルヴァ書房、2017年）など。

生活保護ケースワーカーのあなたへ

発　行　2020年2月14日　初版第1刷発行
　　　　2021年2月25日　初版第2刷発行
著　者　**池谷 秀登**
発行者　**笹尾　勝**
発行所　**社会福祉法人 全国社会福祉協議会**
〒100-8980 東京都千代田区霞が関3-3-2 新霞が関ビル
電話 03-3581-9511
振替 00160-5-38440
定　価　1,210円（本体1,100円+税10%）
印刷所　**株式会社 丸井工文社**

ISBN978-4-7935-1340-4　C2036　¥1100E